새로운 도
다양한 자료
동양북스
홈페이지에서
만나보세요!

www.dongyangbooks.com
m.dongyangbooks.com

홈페이지 도서 자료실에서 학습자료 및 MP3 무료 다운로드

PC

❶ 홈페이지 접속 후 **도서 자료실** 클릭
❷ **하단 검색 창**에 검색어 입력
❸ MP3, 정답과 해설, 부가자료 등 첨부파일 다운로드
* 원하는 자료가 없는 경우 '요청하기' 클릭!

MOBILE

* 반드시 '인터넷, Safari, Chrome' App을 이용하여 홈페이지에 접속해주세요. (네이버, 다음 App 이용 시 첨부파일의 확장자명이 변경되어 저장되는 오류가 발생할 수 있습니다.)

❶ 홈페이지 접속 후 ☰ 터치

❷ **도서 자료실** 터치

❸ 하단 검색창에 검색어 입력
❹ MP3, 정답과 해설, 부가자료 등 첨부파일 다운로드
* 압축 해제 방법은 '다운로드 Tip' 참고

미래와 통하는 책

가장 쉬운 독학
일본어 첫걸음
14,000원

버전업! 굿모닝
독학 일본어 첫걸음
14,500원

일단 합격하고 오겠습니다
JLPT 일본어능력시험 N3
26,000원

일본어 100문장 암기하고
왕초보 탈출하기
13,500원

가장 쉬운 독학
중국어 첫걸음
14,000원

가장 쉬운 중국어
첫걸음의 모든 것
14,500원

일단 합격 新HSK
한 권이면 끝! 4급
24,000원

중국어
지금 시작해
14,500원

영어를 해석하지 않고
읽는 법
15,500원

미국식
영작문 수업
14,500원

세상에서 제일 쉬운
10문장 영어회화
13,500원

영어회화
순간패턴 200
14,500원

가장 쉬운 독학
베트남어 첫걸음
15,000원

가장 쉬운 독학
프랑스어 첫걸음
16,500원

가장 쉬운 독학
스페인어 첫걸음
15,000원

가장 쉬운 독학
독일어 첫걸음
17,000원

동양북스 베스트 도서

THE
GOAL 1
22,000원

인스타
브레인
15,000원

직장인, 100만 원으로
주식투자 하기
17,500원

당신의 어린 시절이
울고 있다
13,800원

놀면서 스마트해지는 두뇌 자극
플레이북 딴짓거리 EASY
12,500원

죽기 전까지
병원 갈 일 없는 스트레칭
13,500원

가장 쉬운 독학
이세돌 바둑 첫걸음
16,500원

누가 봐도 괜찮은 손글씨 쓰는
법을 하나씩 하나씩 알기 쉽게
13,500원

가장 쉬운 초등 필수 파닉스
하루 한 장의 기적
14,000원

가장 쉬운 알파벳 쓰기
하루 한 장의 기적
12,000원

가장 쉬운 영어 발음기호
하루 한 장의 기적
12,500원

가장 쉬운 초등한자 따라쓰기
하루 한 장의 기적
9,500원

세상에서 제일 쉬운
엄마표 생활영어
12,500원

세상에서 제일 쉬운
엄마표 영어놀이
13,500원

창의쑥쑥 환이맘의
엄마표 놀이육아
14,500원

 동양북스
www.dongyangbooks.com
m.dongyangbooks.com

YouTube 동양북스 🔍 **를 검색하세요**

https://www.youtube.com/channel/UC3VPg0Hbtxz7squ78S16i1g

JLPT

HSK

제2
외국어

동양북스는 모든 외국어 강의영상을 무료로 제공하고 있습니다.
동양북스를 구독하시고 여러가지 강의 영상 혜택을 받으세요.

https://m.post.naver.com/my.nhn?memberNo=856655

NAVER 동양북스 포스트

를 팔로잉하세요

동양북스 포스트에서 다양한 도서 이벤트와
흥미로운 콘텐츠를 독자분들에게 제공합니다.

중국어뱅크 | 한국인의 한국인에 의한 한국인을 위한 중국어 회화 시리즈

THE GOD OF CHINESE

중국어의 신

이미경 · 초팽염 지음

STEP 4

동양북스

중국어뱅크

중국어의 신 STEP

초판 1쇄 인쇄 | 2020년 9월 10일
초판 1쇄 발행 | 2020년 9월 15일

지은이 | 이미경, 초팽염
발행인 | 김태웅
기획 편집 | 신효정, 양수아
디자인 | 정혜미, 남은혜
마케팅 | 나재승
제　작 | 현대순

발행처 | (주)동양북스
등　록 | 제 2014-000055호
주　소 | 서울시 마포구 동교로22길 14 (04030)
구입 문의 | 전화 (02)337-1737　팩스 (02)334-6624
내용 문의 | 전화 (02)337-1762　dybooks2@gmail.com

ISBN　979-11-5768-633-9　14720
ISBN　979-11-5768-535-6　(세트)

이 도서의 국립중앙도서관 출판예정도서목록(CIP)은 서지정보유통지원시스템 홈페이지(http://seoji.nl.go.kr)와
국가자료공동목록시스템(http://www.nl.go.kr/kolisnet)에서 이용하실 수 있습니다.
(CIP제어번호:CIP2020024747)

※ 이 저서는 2020학년도 대구대학교 학술연구비 지원에 의한 연구결과물임

《중국어뱅크 중국어의 신》이 나오기까지

1992년 중국과 국교를 수입한 이후 우리나라의 중국어 교육은 비약적인 발전을 거듭하고 있다. 지난 약 30년 동안 중국은 우리에게 4천 억 달러 이상의 무역 흑자를 안겨 주었고, 양국의 인적 교류가 확대되면서 서로에 대한 이해의 폭이 넓어지고 있다. 그럼에도 불구하고 국내의 중국어 교육은 아직 초보적인 단계에 머물러 있으며 우리나라의 실정에 맞는 한국인을 위한 교재의 편찬이 그다지 활발하지는 않다.

집필진은 2014년 당시 단계 중국어 교육에 대한 반성과 미래의 과제를 생각하면서 3년여의 준비를 거쳐 〈The Chinese-중국어의 길〉이라는 제목으로 중국어 교재를 출판하였다. 이 책을 출판하기까지 집필진은 국내외의 중국어 교재는 물론 교재 집필을 위한 어휘와 문법 사항에 대한 연구를 진행하였으며 교육과 연계된 평가문항의 개발까지도 살펴보았다. 이를 통해 국내 학습자에게 맞는 교재의 개발이 절실하다는 생각을 하였고 그 노력의 결실이 바로 〈The Chinese-중국어의 길〉이다.

〈중국어의 신〉은 〈The Chinese-중국어의 길〉의 수정판으로 약 3년 동안 집필 준비 기간을 거쳤고 약 5년 동안 실제 중국어 교육 현장에서 교재로 활용하면서 부족하다고 생각된 점은 보완하고 좋은 점은 더욱더 부각시켜서 새롭게 수정 보완하여 출판하게 되었다.

〈중국어의 신〉은 Step1에서 Step4까지 4단계에 이르는 교재를 출판하는 목표를 가지고 있었고 마침내 네 권을 모두 출간하게 되었다. 우리 집필진은 이 교재의 출간이 한국적 중국어 교육을 발전시킬 것이라는 믿음을 갖고 있으며, 또한 중국에 대한 이해의 폭을 넓히는 데에도 일조할 것이라 생각한다.

또한 본 교재는 〈서울대학교 교양 외국어 교재 시리즈〉로 기획되었다. 2010년 서울대학교 인문대학에서 교양 외국어 교과과정의 개편을 논의하면서 좀 더 체계적이고 우리 실정에 맞는 교재를 편찬해야 한다는 의견이 많았다. 이 과정에서 서울대학교 인문대학으로부터 교재 연구비를 수령하여 〈The Chinese-중국어의 길〉을 출판하게 되었고, 다시 〈중국어의 신〉를 수정 보완하여 새롭게 탄생시키게 되었다.

이 교재는 2012년부터 약 4개 학기 이상 가제본 형태로 제작하여 서울대 교양과정의 '초급중국어1'과 '초급중국어2' 교과목의 교재로 실험적으로 사용되었다. 또 2014년 출판된 이후 다양한 학교에서 중국어 전공 및 교양 교재로 활용되었고, 그동안 집필진은 우리나라 학습자에게 적합한 교재에 대한 지속적인 논의와 연구를 진행하였으며, 다양한 학교에서 강의를 담당해 주셨던 여러 선생님들의 좋은 의견을 청취할 수 있었다. 또 집필진들이 직접 본 교재를 사용하여 교육하면서 장단점을 발견하게 되었고, 시대적인 변화도 반영하여 좀 더 업그레이드된 교재를 선보이게 되었다. Step1과 Step2에 이어 Step3과 Step4도 회화 위주로 편성이 되었으며 중급 수준에 맞는 어휘와 문법 위주로 각 과를 편성하였다. 요즘 많은 사람이 중국 문화에 대한 관심이 높아지고 있어서 Step4는 특히 중국 문화 중심으로 회화 내용을 설정하였다. 그동안 강의를 〈중국어의 신〉으로 담당해주신 모든 선생님께 이 자리를 빌어 감사드리며 새롭게 출간되는 Step3과 Step4도 많은 관심을 가져주시길 바란다.

〈중국어의 신〉 Step1과 Step2는 이강재, 이미경, 초펑염 세 사람이 집필하였고, Step3과 Step4는 이미경, 초펑염이 집필하였다. 우리 집필진은 〈중국어의 신〉 네 권을 마무리할 수 있게 된 것을 매우 자랑스럽게 생각하고 있으며, 본 책의 편찬에 도움을 주신 여러 선생님들께도 다시 한 번 감사를 드린다.

우리 집필진은 교재 집필 과정을 통해 교재를 집필하는 것은 어려운 일이며, 또 시리즈 네 권을 체계적으로 집필하는 것은 더욱더 어려운 일이라는 것을 알게 되었다. 〈중국어의 신〉에 대한 논의가 시작된 시기는 지금으로부터 약 10년 전이고, 그동안 중국어 교육에는 많은 변화가 있었다. 그러한 중국어 교육의 변화를 담고, 중국어 교육의 미래를 담으려고 노력하였지만 아직도 논의해야 할 부분이 적지 않을 것이며 여러 가지 문제점이 있을 것이다. 그럼에도 우리나라 중국어 교육이 좀 더 발전할 수 있다면 하는 희망과 열정으로 이 작업을 수행할 수 있었다. 끝으로 처음 교재 개발의 동력이 된 연구비를 지원해 준 서울대학교 인문대학, 그리고 그동안 도와주신 여러 선생님과 좋은 수정본을 만들 수 있도록 노력해주신 동양북스 모든 분께 감사를 드린다.

2020년
집필진 일동

4

이 책의 특징

 이 책은 우리나라 학습자와 교육자를 최우선으로 생각하여 만든 교재이다. 따라서 기존의 교재에만 익숙한 사람은 몇 가지 측면에서 어색하게 느껴지는 부분도 있을 것이다. 그러나 저자의 의도를 생각하면서 차분하게 따라가다 보면 어느 교재보다도 한국인 학습자의 상황을 고려한 실용성을 갖추고 있다는 것을 알 수 있을 것이다. 이 책의 특징은 다음과 같다.

한국인의, 한국인에 의한, 한국인을 위한 중국어 교재이다

중국에서 나온 교재를 우리말로 번역하거나 모방한 경우, 한국인의 특징을 고려하지 않아서 우리의 사고 체계와는 다른 형식을 갖게 되며 결과적으로 몸에 맞지 않는 옷을 입은 것과 같아진다. 가령, 문법 설명 부분에서 항상 해당 문장에 대한 문법 설명이 먼저 나오고 중국어의 다른 예문을 제시하는 방식을 채택하는 교재가 적지 않다. 그러나 한국인은 중국어로 어떤 말을 하고자 할 때 본인이 표현하고 싶은 우리말을 먼저 떠올리고, 그것을 중국어로 바꾸는 방식으로 자신의 의사를 전달한다. 그래서 본 교재에서는 기존의 방식에서 벗어나 한국어가 먼저 제시되고 그 다음에 중국어 예문이 나오고 이어서 문법 설명을 간단하게 제시하고 있다. 이는 이 책이 문법책이 아니라 의사소통 능력을 키우기 위한 회화 위주의 교재라는 점에 초점을 두었기 때문이다.

또한 Step1의 1과는 대화문이 아니라 각각의 문장으로 편성되어 있다. 이는 한국인이라면 누구나 다 알고 있으면서 발음이 편안한 '워아이니(我爱你。)'라는 문장을 통해 학습자들이 중국어를 쉽고 친근하게 접근할 수 있도록 한 것이다.

본문에 중국어 발음기호인 한어병음을 표기하지 않았다

대부분의 교재는 기초부터 한어병음을 병기한다. 그러나 한어병음이 중국어 아래에 바로 제시되어 있다면 학생들은 중국어 자체에 관심을 집중하기보다 한어병음을 보고 따라 읽는 데 정신을 집중한다. 이 때문에 학습자는 한어병음을 익히는 것에 소홀히 하고 정확하게 익히지 못했음에도 불구하고 이미 익힌 것으로 착각하게 되는 단점이 있다. 본 교재는 집필과 출시 전, 여러 차례의 모의 수업을 통해 한어병음 없이 중국어로 익히는 것의 효과가 더 크다는 것을 직접 확인할 수 있었다. 그럼에도 불구하고 한어병음이 없어서 어려워하는 학습자를 고려하여 교재 뒤 부록 부분에 한어병음을 제시하였다.

막강 워크북이 있다

워크북을 제공하는 회화 교재가 늘어나고 있는 추세이다. 하지만 지금까지의 워크북은 적은 수의 문제만 제공함으로써 실제 학습 효과를 거두기 어려웠다. 본 교재는 워크북에서 실질적인 학습 효과를 거둘 수 있도록 의사소통의 4대 영역인 듣기, 말하기, 읽기, 쓰기 모두 워크북에 모두 담고 있다. 뿐만 아니라 난이도가 낮은 것에서부터 높은 것으로, 즉, 말하기, 쓰기, 읽기, 듣기의 순으로 워크북의 체제를 정하였다. 또한 워크북을 홀수 과와 짝수 과의 두 권으로 나누었는데, 이는 학교에서 교재로 쓸 경우 담당 교수가 채점하는 동안에도 학생들이 다른 과의 숙제를 할 수 있도록 배려한 것이다.

중국어 발음에 대한 설명을 교재의 뒷부분에 배치하였다

우리나라 중국어 학습자들은 처음 중국어를 접할 때, 막연하게 발음이 어렵거나 복잡하다고 생각한다. 그 생각이 옳다고 생각하지는 않지만 발음의 부담을 표면적으로라도 줄여 주기 위해 과감하게 교재 뒤쪽에 배치하였다. 교육자들이 처음 중국어를 접하는 학습자들에게 교육할 때나 혹은 혼자서 본 교재로 중국어 공부를 처음 시작하는 분들은 뒷부분에 있는 발음에 대한 설명을 참고하면 된다.

발음 Tip에 중국어 실제 발음을 제시하였다

본 교재에서 설명하는 성조 곡선, 3성 성조변화, 一와 不 성조변화 등에 대한 내용은 일반 교재와 차이가 난다. 이는 그동안 음성과 관련된 학술적 성과를 반영한 것이며 모두 실제 음성을 근거로 하여 설명한 것이다.

대학의 한 학기 강의 시간에 맞게 구성되었다

보통 대학교에서 한 학기에 15주 혹은 16주 정도 수업을 한다고 볼 때 약 한 주에 1과씩 공부하여 한 학기에 본 교재 한 권 전체를 끝낼 수 있도록 하였다. 이 때문에 전체 10과로 하되 여기에 복습을 위한 두 과를 더하여, 한 학기 동안 지나치게 많거나 적지 않도록 분량을 적절하게 구성하였다. 이를 통해 학습자는 한 학기에 한 권 전체를 학습함으로써 교재 한 권을 끝냈다는 성취감을 느낄 수 있을 것이다.

100문장 익히기를 설정하였다

매 과마다 '외워 봐요!'를 통해 10문장씩 핵심문형을 설정하고 이를 집중적으로 익힐 수 있도록 하였다. 여기에 제시된 100문장을 정확하게 구사하고 말할 수 있다면 이 교재의 내용을 잘 소화했다고 볼 수 있으며 중국 현지의 초급 대화를 충분히 수행해 나갈 수 있을 것으로 기대한다.

〈더 높이 날아 봐요!〉를 통해 실생활 표현을 익히도록 하였다

각 과마다 교재에서 자세하게 다루지는 못했지만 실생활에서 매우 자주 사용하는 표현을 '더 높이 날아 봐요!'라는 코너에서 제시하여 실생활에서 바로 사용할 수 있도록 하였다. 초급 중국어를 학습했더라도 실생활에 꼭 필요한 표현을 익히도록 한 것인데, 강의 중에는 이 부분을 생략하고 넘어갈 수도 있다.

〈즐겨 봐요!〉에 인문학적인 요소가 가미되었다

언어의 학습은 동시에 해당 지역의 문화를 학습하는 것이며 원어민 화자의 사유 방식을 익혀 가는 것이라 할 수 있다. 따라서 본 교재의 '즐겨 봐요!'에서는 각종 인문학적 요소가 가미된 시가, 속어, 동요, 성어 등을 배치하여 중국어의 다양한 표현과 문화를 경험할 수 있도록 하였다.

중국어의 신!

차례

부록

학습 내용

이 책의 활용 — 본책

도입

학습목표와 내용을 확인할 수 있습니다. 삽화와 함께 제시된 핵심 어휘를 들어 보세요.

생각해 봐요!

본문 ①을 한국어 문장으로 먼저 제시하였습니다. 중국어로는 어떻게 표현될지 미리 생각해 보세요.

말해 봐요!

▶ 본문 ① **읽어 보기** 해당 과의 주제와 관련된 내용의 평서문입니다. 평서문 표현을 잘 확인하며 반복하여 읽어 보세요.
▶ 본문 ② **대화하기** 회화 속에 기본 단어와 문형, 주요 어법이 모두 녹아 있습니다. 녹음을 들으며 반복하여 따라 읽어 보세요.

복습 1, 2

다섯 과를 학습한 후 말하기, 독해, 듣기, 쓰기 네 파트로 나누어 각 파트를 골고루 복습할 수 있도록 구성하였습니다.

즐겨 봐요!

해당 과의 주제와 관련된 다양한 문화 내용을 사진 자료와 함께 제시하였습니다. 쉬어가는 느낌으로 한 과의 학습을 마무리해 보세요.

읽어 봐요!

본문에 나온 새 단어를 학습합니다. 녹음을 듣고 따라하면서 발음과 글자, 뜻까지 완벽하게 암기하세요.

배워 봐요!

초급 단계에서 꼭 필요한 주요 문형과 표현, 문법을 학습합니다. 예문을 반복적으로 읽으며 학습하면 더욱 효과적입니다.

연습해 봐요!

주요 문형을 바탕으로, 단어를 교체하며 반복적으로 학습합니다. 문장 구성 능력을 높이고 주요 문형을 익힐 수 있습니다.

외워 봐요!

외워 두면 회화에서나 시험에서 유용하게 쓸 수 있는 표현들입니다. 통째로 암기하여 자주 활용해 보세요.

더 높이 날아 봐요!

본문 회화의 주제를 바탕으로, 더욱 다양한 표현을 모아 놓았습니다. 문장의 뜻을 보며 단어와 문형을 익혀 보세요.

묻고 답해 봐요!

해당 과에서 배운 주요 표현을 바탕으로 새로운 회화를 구성하여 더욱 다양한 회화 표현을 익힐 수 있습니다.

부록

해석과 정답, 단어 색인을 정리했습니다.

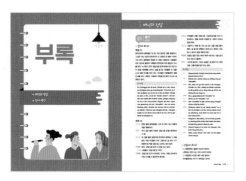

워크북

말하기, 쓰기, 읽기, 듣기의 네 파트로 나누어 각 파트를 집중적으로 강화할 수 있도록 구성하였습니다. 매 과에서 배운 단어나 표현, 문법을 다양한 유형의 문제들을 풀어 보며 완전하게 이해해 보세요.

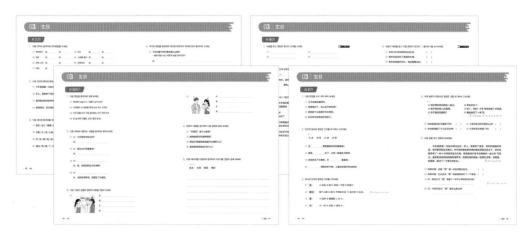

MP3 다운로드

MP3는 동양북스 홈페이지 자료실에서 무료로 다운로드 받으실 수 있습니다.
(http://www.dongyangbooks.com)

일러두기

● 품사 약어

명사(名词) 고유명사(专名)	명 고유	부사(副词)	부	접속사(连词)	접
대명사(代词)	대	수사(数词)	수	조동사(助动词)	조동
동사(动词)	동	양사(量词)	양	조사(助词)	조
형용사(形容词)	형	전치사(介词)	전	감탄사(感叹词)	감
의성어	의성	접두어	접두	성어	성
헐후어	헐	속담	속	수량사	수량

● 고유명사 표기

① 중국의 지명은 중국어 발음을 한국어로 표기하는 것을 원칙으로 한다. 단, 우리에게 익숙한 고유명사는 한자의 독음을 표기한다.

  예 北京 베이징　天安门 천안문

② 인명의 경우, 한국 사람의 이름은 한국에서 읽히는 발음으로, 중국 사람의 이름은 중국어 발음대로 표기한다.

  예 崔智敏 최지민　韩雪 한쉐

● 등장 인물

崔智敏
Cuī Zhìmǐn

최지민

한국인, 대학생

朴明浩
Piáo Mínghào

박명호

한국인, 대학생

韩雪
Hán Xuě

한쉐

중국인, 대학생

高朋
Gāo Péng

가오펑

중국인, 대학생

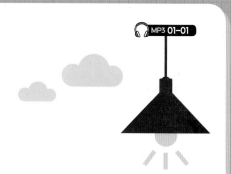
01

春节

○ 학습 목표 중국 명절과 관련된 문화를 이해하고 다양한 표현을 활용할 수 있다.

○ 학습 내용 **1.** 중국 명절 문화   **2.** 对……来说

放烟花
폭죽을 터뜨리다

年夜饭
섣달그믐 밥

压岁钱
세뱃돈

拜年
세배하다

다음 상황을 중국어로 생각해 보세요.

가오펑

한쉐, 올해 음력설에는 너희 집 저녁 식사 어떻게 먹을 계획이야?

한쉐

우리 집은 올해 식당에 '섣달그믐 밥'을 예약하려고 해.

최지민

와, 정말 좋은 방법이네! 한국에서 음력설 그 며칠 동안 식당 주인들이 모두 고향으로 설 쇠러 가기 때문에 밥 먹을 곳을 찾고 싶어도 쉽지 않아.

박명호

맞아, '섣달그믐 밥'은 더 말할 것도 없어.

가오펑

너희들도 '섣달그믐 밥' 먹어?

박명호

'섣달그믐 밥'과 비교하면, 우리는 정월 초하루의 아침 식사를 더 중요하게 생각해.

최지민

주부들은 보통 '섣달그믐' 그날에 음식을 미리 다 준비하고, 정월 초하루 아침에 온 가족이 모여서 함께 먹어.

가오펑

그렇구나. 어릴 때, 나는 설 쇠는 것을 정말 좋아했어. 설 쇨 때 세뱃돈도 받게 되고, 폭죽도 터뜨릴 수 있어서 정말 재미있거든!

박명호

요즘은 많은 대도시에서 폭죽 터뜨리는 것을 금지하고 있다고 들었어.

한쉐

그러게 말이야. 그래서 요즘은 '설 분위기'도 예전만큼 그렇게 물씬 풍기지는 않아.

○ 한국과 중국은 모두 음력 설을 중요한 명절로 생각 하는데 한국은 음력 1월 1일 아침 식사를 중시하고 중국은 음력 12월 29일 혹은 30일에 가족과 함께 하는 저녁 식사를 매우 중시 하는 차이가 있습니다.

본문 ① 읽어 보기

이 과의 주제와 관련된 내용의 평서문입니다. 뜻을 생각하며 읽어 보세요.

MP3 01-02

　　对中国人来说❶，春节是一年中最重要的一个传统节日。它既是旧的一年的结束，又是❷新的一年的开始。春节的前一天，也就是"大年三十"，人们都要回到家里和家人团聚，高高兴兴地吃一顿团圆饭。不管是谁，如果没赶上❹这顿"年夜饭"，都❸会觉得非常遗憾。过年时，人们还会出门去拜年。孩子们给长辈拜年，长辈不但会对他们说一些吉利的话，还会给他们发压岁钱呢。

🔑 문법 Tip!

❶ '对＋명사＋来说'는 '～한테는' 혹은 '～의 관점에서는'의 의미이다.

❷ '既是……，又是……'는 동시에 두 측면의 성질이나 상황이 있음을 나타내며, '～이면서 ～이다'의 의미이다.

❸ '不管……，都……'는 '～를 막론하고 ～하다' 혹은 '～라도 ～하다'의 의미이다.

❹ '동사＋上'의 上은 결과보어로, 동작이 어떤 곳에 존재하거나 붙어 있는 경우나 일정한 목적이나 기준에 도달한 경우에 사용할 수 있다.

❺ '更别说……'는 '～는 말도 하지 마라', '～는 말할 것도 없다'의 의미이다.

❻ '没(有)＋명사＋(那么)＋형용사'는 비교를 나타내며 '～만큼 (그렇게) ～하지는 않다'의 의미이다.

👄 발음 Tip!

❶ 全都回家过年去了에서 全을 좀 더 길게 발음하면 그 뉘앙스를 잘 살릴 수 있다.

❷ 可不의 不는 2성으로 발음한다.

❸ 年味儿의 한어병음 표기는 niánwèir이고, 발음은 niánwèr로 한다.

음력설을 주제로 한 대화입니다. 내용을 생각하며 읽어 보세요.　🎧 MP3 01-03

高朋　　小雪，今年春节，你们家的团圆饭打算怎么吃啊？

韩雪　　我们家啊，今年想去餐厅订个"年夜饭"。

崔智敏　哇，真是个好办法啊！在韩国，春节那几天，餐厅的老板全都回家过年去了，想找个吃饭的地方都不容易呢。

朴明浩　是啊，更别说❺吃"年夜饭"了！

高朋　　你们也吃"年夜饭"吗？

朴明浩　跟"年夜饭"比起来，我们更重视大年初一的早饭。

崔智敏　主妇们一般会在春天前一天把菜提前做好，然后大年初一的早上，全家人聚在一起吃一顿团圆饭。

高朋　　明白了。小时候，我可喜欢过年了，因为过年不但可以拿到压岁钱，还可以放烟花，特别有意思！

朴明浩　现在听说不少大城市都禁止放烟花了。

韩雪　　可不，所以现在"年味儿"也没以前那么❻浓了。

본문에 나온 새 단어입니다. 글자, 한어병음, 뜻을 모두 익히세요. 　MP3 01-04

□ **春节** Chūnjié 몡 음력설

□ **传统** chuántǒng 몡 전통

□ **节日** jiérì 몡 경축일, 기념일

□ **既是……，又是……** jìshì……, yòushì…… ~이기도 하고 ~이기도 하다

□ **旧** jiù 혱 옛날의, 낡다

□ **大年三十** dànián sānshí 몡 섣달그믐, 음력 12월 30일

□ **团聚** tuánjù 통 한자리에 모이다

□ **顿** dùn 양 끼니, 차례[식사, 질책의 횟수를 세는 단위]

□ **团圆** tuányuán 통 한곳에 모이다 혱 둥그렇다

□ **不管** bùguǎn 접 ~에 관계없이

□ **赶上** gǎnshàng 통 시간에 대다, 따라잡다

□ **年夜饭** niányèfàn 몡 섣달그믐 날 밤에 온 가족이 함께하는 식사

□ **遗憾** yíhàn 혱 유감이다, 아쉽다

□ **过年** guònián 통 설을 쇠다

□ **出门** chūmén 통 외출하다

□ **拜年** bàinián 통 새해 인사를 하다, 세배하다

□ **长辈** zhǎngbèi 몡 어른, 윗사람

□ **吉利** jílì 혱 길하다

□ **发** fā 통 주다, 발급하다

□ **压岁钱** yāsuìqián 몡 세뱃돈

□ **餐厅** cāntīng 몡 식당

□ **办法** bànfǎ 몡 방법, 방식

□ **老板** lǎobǎn 몡 (상점의) 주인

□ **全都** quándōu 뿐 전부, 모두

□ **重视** zhòngshì 통 중시하다

□ **大年初一** dànián chūyī 몡 음력 정월 초하루

□ **主妇** zhǔfù 몡 주부

□ **提前** tíqián 통 앞당기다

□ **烟花** yānhuā 몡 불꽃, 폭죽

□ **城市** chéngshì 몡 도시

□ **禁止** jìnzhǐ 통 금지하다

배워 봐요!

学一学!

중급 단계에서 꼭 필요한 주요 문법입니다. 반복하여 학습하세요.

01 对中国人来说，春节是一年中最重要的一个传统节日

MP3 01-05

- 나한테는 한자 쓰는 것이 비교적 어려워.
- 그 사람한테는 그것들이 모두 상관없어.
- 너한테는 이 기회가 중요해.
- 아이한테는 여기가 재미있는 곳이야.

对我来说，写汉字比较难。

对他来说，那些都无所谓。

对你来说，这个机会很重要。

对小孩子来说，这是个很好玩儿的地方。

'对＋명사＋来说'는 어떤 사람이나 어떤 일의 관점에서 보는 것을 나타내며, '～한테는', '～의 관점에서는', '～가 볼 때는' 등의 의미이다.

단어 无所谓 wúsuǒwèi 동 상관없다

02 它既是旧的一年的结束，又是新的一年的开始

MP3 01-06

- 그 사람은 나의 선생님이면서 나의 친구이기도 해.
- 대학 다닐 때, 그 사람들은 같은 반 친구면서, 룸메이트였어.
- 이것은 낭만적인 이야기이면서 가슴 아픈 이야기이기도 해.
- 그 사람한테는 오늘이 가장 즐거운 하루이면서 또 가장 힘든 하루야.

他既是我的老师，又是我的朋友。

上大学时，他们既是同班同学，又是室友。

这既是一个很浪漫的故事，又是一个很伤感的故事。

对他来说，今天既是最开心的一天，又是最难过的一天。

'既是……，又是……' 구조는 동시에 두 측면의 성질이나 상황이 있음을 나타내며, '～이기도 하고 ～이기도 하다'의 의미이다.

단어 室友 shìyǒu 명 룸메이트 | 浪漫 làngmàn 형 낭만적이다 | 伤感 shānggǎn 형 슬퍼하다, 가슴 아프다 | 难过 nánguò 형 괴롭다, 슬프다

03 不管是谁，如果没赶上这顿"年夜饭"，都会觉得非常遗憾

MP3 01-07

- 네가 가든 가지 않든, 난 가려고 해.
- 어떤 일을 하든지, 열심히 해야만 해.
- 비가 오든지 안 오든지, 난 등산하러 가려고 해.
- 그 사람들이 하는 말이 맞든 틀리든, 우리는 잘 들어 봐야만 해.

不管你去不去，我都要去。

不管做什么事情，都应该认真。

不管天下不下雨，我都要去爬山。

不管他们说的话对不对，我们都应该好好儿听一听。

'不管……，都……' 구조는 의문사나 병렬구가 있는 문장에 출현하고, 어떤 조건 하에서도 결과나 결론이 바뀌지 않음을 나타낸다. '～를 막론하고 ～하다' 혹은 '～라도 ～하다'의 의미이다.

단어　认真 rènzhēn 형 열심이다

04 不管是谁，如果没赶上这顿"年夜饭"，都会觉得非常遗憾

MP3 01-08

- 그 사람은 요즘 한국 드라마에 빠져 있어.
- 그들은 마침내 막차를 탔다.
- 형이 드디어 방 두 개와 거실 두 개가 있는 큰 집에 살게 되었어.
- 그 사람은 열심히 공부해서 좋은 대학에 합격했어.

他最近迷上了韩剧。

他们终于赶上了最后一班车。

哥哥终于住上了两室两厅的大房子。

他努力学习，考上了一个不错的大学。

'동사+上' 구조에서 上은 결과보어로, 동작이 어떤 곳에 존재하거나 붙어 있는 경우, 혹은 일정한 목적이나 기준에 도달한 경우에 사용할 수 있다.

단어　迷 mí 동 빠지다 | 韩剧 hánjù 명 한국 드라마

05 更别说吃 "年夜饭" 了!

 MP3 01-09

- 나는 차 탈 때마다 멀미 하는데 운전은 더 말할 것도 없지.

  我坐车都晕，更别说开车了。

- 그 사람은 맥주도 못 마시는데 백주는 더 말할 것도 없지.

  他连啤酒都不能喝，更别说白酒了。

- 이 아이는 아직 말도 할 줄 모르는데, 노래 부르는 건 더 말할 것도 없지.

  这个孩子还不会说话，更别说唱歌了。

- 요즘 영화 볼 시간조차도 없는데 여행 가는 것은 더 말할 것도 없지.

  最近连看电影的时间都没有，更别说去旅行了。

'更别说……'는 보통 짧은 문장 뒤에 쓰이며, 어떤 사물이나 사건의 중요성을 낮게 평가함으로써 다른 사물이나 사건의 중요성을 두드러지게 한다. '～는 말도 하지 마라', '～는 더 말할 것도 없다' 등의 의미이다.

🔖단어 晕 yùn 동 멀미하다 | 啤酒 píjiǔ 명 맥주 | 白酒 báijiǔ 명 백주, 배갈

06 所以现在 "年味儿" 也没以前那么浓了

MP3 01-10

- 올여름은 작년만큼 덥지 않아.

  今年的夏天没去年热。

- 이 집 커피는 저 집만큼 맛있지 않아.

  这家的咖啡没那家好喝。

- 그녀는 여동생만큼 그렇게 열심히 공부하지 않아.

  她学习没妹妹那么努力。

- 지금은 좋은 기회가 이전만큼 그렇게 많지 않아졌어.

  现在好机会没以前那么多了。

'没(有)＋명사＋(那么)＋형용사' 구조로 비교의 의미를 나타낸다. '～만큼 (그렇게) ～하지는 않다'의 의미이다.

연습해 봐요!

단어를 교체하며 문형을 익히는 연습입니다. 반복하여 읽어 보세요.

1 ⟫ 1 2 3 4 5 🎧 MP3 01-11

对他来说，发音比较难。

对我来说，写汉字比较难。

对他来说，这是一件很容易的事情。

对小孩子来说，这是个很好玩儿的地方。

학생한테는 이것이 좋은 소식이야.

그 사람한테는 이번 시험이 매우 중요해.

노인분한테는 이것이 좋은 레저 방식이야.

나한테는 요리하는 것이 매우 재미있는 일이야.

2 ⟫ 1 2 3 4 5 🎧 MP3 01-12

不管别人怎么说，我都不在乎。

不管天下不下雨，我都要去爬山。

不管他高不高兴，你都得告诉他。

不管他们说的话对不对，我们都应该好好儿听一听。

네가 언제 오든지, 나는 환영할 거야.

결과가 어떻든, 나는 모두 받아들일 거야.

그 사람이 어떻게 말하든, 나는 화내지 않을 거야.

너희들이 어떻게 생각하든지, 나는 그를 만나러 갈 거야.

단어 发音 fāyīn 몡 발음 | 休闲 xiūxián 몡 레저 활동 | 方式 fāngshì 몡 방식, 방법

단어 不在乎 búzàihu 됭 대수롭지 않게 여기다 | 结果 jiéguǒ 몡 결과, 결실 됭 결실을 맺다 | 接受 jiēshòu 됭 받아들이다, 수락하다

3 ① ② ③ ④ ⑤ 🎧 MP3 01-13

我坐车都晕，更别说开车了。

我中文歌都唱不好，更别说英文歌了。

最近连看电影的时间都没有，更别说去旅行了。

最近连吃饭的时间都没有，更别说去见朋友了。

그 사람은 상점에 간 적도 없는데, 시장은 더 말할 것도 없지.

그 사람은 라면도 끓일 줄 모르는데, 요리하는 것은 더 말할 것도 없지.

날씨가 좋을 때도 가지 않는데, 비 오는 날은 더 말할 것도 없지.

일반 회사도 찾기가 쉽지 않은데, 대기업은 더 말할 것도 없지.

4 ① ② ③ ④ ⑤ 🎧 MP3 01-14

这家的咖啡没那家好喝。

这家的炒饭没那家好吃。

现在好机会没以前那么多了。

现在的留学生没以前那么多了。

남동생의 키가 형만큼 크지 않아.

그 사람은 나만큼 많이 먹지 않았어.

추석은 음력설만큼 그렇게 떠들썩하지 않아.

내가 쓴 한자는 그 사람이 쓴 것만큼 그렇게 예쁘지 않아.

단어 方便面 fāngbiànmiàn 몡 인스턴트 라면 | 煮 zhǔ 동 삶다, 끓이다

단어 中秋节 Zhōngqiū jié 고유 중추절, 추석

본문을 응용한 회화 연습입니다. 뜻을 생각하며 읽어 보세요.

🎧 MP3 01-15

1

A 今年的 "年夜饭" 你们打算去哪儿吃啊?
Jīnnián de "niányèfàn" nǐmen dǎsuàn qù nǎr chī a?

B 我们打算都去奶奶家团圆呢。
Wǒmen dǎsuàn dōu qù nǎinai jiā tuányuán ne.

2

A 过年的时候，你们一般都做什么啊?
Guònián de shíhou, nǐmen yìbān dōu zuò shénme a?

B 我们一般都要去亲戚家拜年。
Wǒmen yìbān dōu yào qù qīnqi jiā bàinián.

3

A 孩子们，发压岁钱啦!
Háizimen, fā yāsuìqián la!

B 谢谢爷爷。祝您新年快乐! 身体健康!
Xièxie yéye.   Zhù nín xīnnián kuàilè! Shēntǐ jiànkāng!

4

A 再忙也要赶回去吃 "年夜饭"!
Zài máng yě yào gǎn huíqu chī "niányèfàn"!

B 是啊，大家都在等着你呢!
Shì a,   dàjiā dōu zài děngzhe nǐ ne!

○ 여기에서 再는 '아무리' 라는 뜻으로, 뒤에 也 와 호응해서 '아무리 ~ 해도'라는 의미입니다

○ '在……呢'는 '~하는 중 이다'라는 의미입니다.

📖단어 亲戚 qīnqi 몡 친척

새해와 관련한 표현입니다. 알맞은 상황에서 잘 활용해 보세요.

MP3 01-16

大家过年好!
Dàjiā guònián hǎo!
모두 새해 복 많이 받으세요!

大过年的，谁也不能分梨啊!
Dà guònián de, shéi yě bù néng fēn lí a!
설 쇠니까 아무도 배를 잘라서는 안 돼!

中国人过年吃鱼，是因为"鱼"和 "余"谐音，希望年年有余。
Zhōngguó rén guònián chī yú, shì yīnwèi "yú" hé "yú" xiéyīn, xīwàng niánnián yǒuyú.
중국인이 설을 쇨 때 생선을 먹는 것은 '鱼'와 '余(여유롭다, 풍요롭다)'가 해음이라서 해마다 풍요롭기를 기원하는 것이다.

奶奶，给您拜年啦， 祝您身体健康!
Nǎinai, gěi nín bàinián la, zhù nín shēntǐ jiànkāng!
할머니, 세배 드릴게요, 건강하세요!

来来来! 这是压岁钱， 一人一个大红包!
Lái lái lái! Zhè shì yāsuìqián, yì rén yí ge dà hóngbāo!
자! 세뱃돈이야, 한 사람에 홍바오 하나씩!

咱们把这个硬币包到饺子里， 怎么样?
Zánmen bǎ zhège yìngbì bāodào jiǎozi lǐ, zěnmeyàng?
우리 이 동전을 만두 안에 넣는 게 어때?

자주 활용할 수 있는 문장입니다. 100문장 암기를 목표로 외워 보세요.

🎧 MP3 01-17

1 对中国人来说，这是一个很重要的传统节日。

2 它既是旧的一年的结束，又是新的一年的开始。

3 不管做什么事情，都应该认真。

4 如果没赶上这顿"年夜饭"，都会觉得非常遗憾。

5 想找个吃饭的地方都不容易呢。

6 更别说吃"年夜饭"了！

7 跟"年夜饭"比起来，我们更重视大年初一的早饭。

8 大年初一的早上，全家人聚在一起吃一顿团圆饭。

9 现在听说不少大城市都禁止放烟花了。

10 现在"年味儿"也没以前那么浓了。

벌써 10문장이 술술!

1	2	3	4	5	6	7	8	9	10
✓									

元日 설

MP3 01-18

宋代：王安石 왕안석(송)

爆竹声中一岁除，
Bàozhú shēng zhōng yí suì chú,

폭죽 소리 속에 한 해가 저물고

春风送暖入屠苏。
chūnfēng sòng nuǎnrù túsū.

봄바람의 따뜻함이 도소 술에 가득하네.

千门万户曈曈日，
Qiānmén wànhù tóng tóng rì,

집집마다 날이 밝아오고

总把新桃换旧符。
zǒng bǎ xīn táo huàn jiù fú.

복사나무 새 부적을 옛것과 바꾸네.

2050年 ▼	‹	1月 ▼	›	假期安排 ▼	返回今天

2050-01-23

一	二	三	四	五	六	日
27 初三	28 初四	29 初五	30 初六	31 初七	1 腊八节	2 初九
3 初十	4 十一	5 小寒	6 十三	7 十四	8 十五	9 十六
10 十七	11 十八	12 十九	13 二十	14 廿一	15 廿二	16 小年
17 廿四	18 廿五	19 廿六	20 大寒	21 廿八	22 除夕	23 春节
24 初二	25 初三	26 初四	27 初五	28 初六	29 初七	30 初八
31 初九	1 初十	2 湿地日	3 立春	4 十三	5 十四	6 元宵节

23

正月初一
庚午年【马年】
丁丑月 癸卯日

宜 忌

02

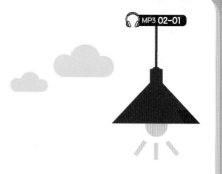

小吃

○ 학습 목표   중국 먹거리와 관련된 문화를 이해하고 다양한 표현을 활용할 수 있다.

○ 학습 내용   1. 중국 먹거리 관련 문화   2. 哪能……

王府井
베이징 왕푸징

北京 王府

城隍庙
상하이 청황묘

上海城隍庙

宫廷小吃
궁중 먹거리

民间小吃
민간 먹거리

생각해 봐요!

想一想!

다음 상황을 중국어로 생각해 보세요.

가오펑

하루 종일 공부했는데, 너희들 나랑 함께 야식 먹으러 가지 않을래?

최지민

야식? 나 지금 전혀 배 안 고파.

한쉐

중국 야식은 모두 간단한 음식이어서 입이 심심한 것을 없애려고 가는 거야.

가오펑

그렇지, 그 야시장의 먹거리는 종류가 정말 많아서 한번 가 볼 만해!

한쉐

민간 먹거리도 있고, 궁중 먹거리까지 있어. 우리 맛보러 가자!

박명호

궁중 먹거리는 황제들이 좋아하던 먹거리야?

가오펑

맞아, 틀림없이 너희를 실망시키지 않을 거야.

최지민

그럼 민간 먹거리는 일반 서민들이 주로 먹던 거겠지?

박명호

지민아 그만 묻고, 너 도대체 갈 거야 안 갈 거야?

최지민

이렇게 맛있는 게 많은데 어떻게 안 갈 수가 있겠어!

박명호

서둘러, 나도 기다릴 수가 없어, 얼른 가자!

중국은 약간 출출할 때 가볍게 먹을 수 있는 다양한 간식류의 먹거리가 있습니다. 특히 각 지역의 야시장에는 이러한 간식류의 먹거리들이 한 곳에 모여 있어서 늦은 시간에도 간단하게 즐길 수 있습니다. 이런 상황을 생각하면서 공부해 보세요.

본문 ① 읽어 보기

이 과의 주제와 관련된 내용의 평서문입니다. 뜻을 생각하며 읽어 보세요.

🎧 MP3 02-02

中国饮食除了主食以外，特色小吃也❶是一个不可缺少的组成部分。每个地区都有自己独特的小吃，去旅游时，我们都会品尝当地的小吃，因为小吃代表着当地的饮食文化。北京的王府井、上海的城隍庙，因为有各种不同风味儿的小吃，所以很受游客的欢迎。很多人离开家乡以后，最想念的就是家乡的小吃。那些小吃不但能填饱肚子，还带着一种家乡的味道。

🔑 문법 Tip!

❶ '除了……(以外), ……也……'는 어떤 부분을 제외하고 나머지를 보충하는 것으로 '~ 외에, ~도 ~이다'의 의미이다.

❷ '동사+了+시간의 길이+了' 구조는 일정한 시간의 길이 동안 동작을 지속하였으며 지금도 그것을 유지하고 있음을 나타낸다.

❸ '值得一+동사'는 '~을 한번 해 볼 만한 가치가 있다'라는 의미이다.

❹ '동사 중첩+看'는 看이 중첩된 동사 뒤에서 '~을 시도해 보다'의 의미를 나타낸다.

❺ 到底는 의문문에서 좀 더 추궁하는 뜻으로, 동사, 형용사 혹은 주어 앞에 나올 수 있으며 '도대체'의 의미이다.

❻ 哪能은 반문할 때 부정적인 뜻을 나타내며 '어떻게 ~할 수 있겠어(~할 수 없다)'의 의미이다.

👄 발음 Tip!

❶ 风味儿 fēngwèir은 실제 fēngwèr로 발음한다. 一对儿 yíduèr 한 쌍, 年味儿 niánwèr 연말 분위기

❷ 一点儿也는 yìdiǎnr yě로 3성이 두 개 잇달아 나오므로 diǎn은 2성이 되고, n은 탈락되어 yìdiár yě로 발음한다.

❸ 解解馋 jiějie chán은 解馋의 동사+명사 구조에서 동사가 중첩된 형식으로 실제 2성 경성 2성으로 발음한다.

❹ 哪能의 哪는 něi로 읽을 수 없다.

본문 ② 대화하기

먹거리를 주제로 한 대화입니다. 내용을 생각하며 읽어 보세요.

高朋　　学了一整天了❷，你们想不想跟我一起去吃个夜宵啊？

崔智敏　夜宵？我现在一点儿也不饿啊。

韩雪　　中国的夜宵都是一些小吃，主要是去解解馋。

高朋　　就是啊，那夜市里的小吃啊，种类可多了，值得一去❸！

韩雪　　不但有民间小吃，还有宫廷小吃。咱们都去尝尝看❹！

朴明浩　宫廷小吃是不是皇帝们爱吃的小吃啊？

高朋　　对啊，肯定不会让你失望。

崔智敏　那民间小吃呢，应该就是老百姓爱吃的吧？

朴明浩　小敏，别问了，你到底❺是去还是不去啊？

崔智敏　这么多好吃的，哪能❻不去啊！

朴明浩　快快，我也等不及了，赶紧走吧！

본문에 나온 새 단어입니다. 글자, 한어병음, 뜻을 모두 익히세요.   🎧 MP3 02-04

□ **饮食** yǐnshí 몡 음식

□ **主食** zhǔshí 몡 주식

□ **特色** tèsè 몡 특색

□ **小吃** xiǎochī 몡 간단한 음식, 스낵

□ **缺少** quēshǎo 통 빠지다, 부족하다

□ **组成** zǔchéng 통 구성하다

□ **部分** bùfen 몡 부분

□ **地区** dìqū 몡 지역

□ **独特** dútè 혱 독특하다, 특수하다

□ **品尝** pǐncháng 통 맛보다, 음미하다

□ **代表** dàibiǎo 통 대표하다, 대신하다

□ **王府井** Wángfǔ Jǐng 고유 왕푸징
　[베이징의 관광지]

□ **城隍庙** Chénghuáng Miào
　고유 청황묘[상하이의 관광지]

□ **风味儿** fēngwèir 몡 맛, 풍미, 특색

□ **游客** yóukè 몡 관광객

□ **离开** líkāi 통 떠나다

□ **家乡** jiāxiāng 몡 고향

□ **想念** xiǎngniàn 통 그리워하다

□ **填饱** tiánbǎo 통 배불리 먹다

□ **整天** zhěngtiān 몡 하루 종일

□ **夜宵** yèxiāo 몡 야식

□ **饿** è 혱 배고프다

□ **解馋** jiěchán 통 허기를 달래다, 입이
　심심한 것을 해소하다.

□ **夜市** yèshì 몡 야시장

□ **值得** zhídé 통 ~할 만한 가치가 있다,
　값에 상응하다

□ **民间** mínjiān 몡 민간

□ **宫廷** gōngtíng 몡 궁궐, 궁전

□ **皇帝** huángdì 몡 황제

□ **失望** shīwàng 통 실망하다

□ **老百姓** lǎobǎixìng 몡 국민, 일반인

□ **到底** dàodǐ 뷔 도대체

□ **等不及** děngbují 통 기다릴 수 없다

□ **赶紧** gǎnjǐn 뷔 재빨리

중급 단계에서 꼭 필요한 주요 문법입니다. 반복하여 학습하세요.

01 中国饮食除了主食以外，特色小吃也是不可缺少的一个组成部分

MP3 02-05

- 토요일 외에, 일요일도 수업 들으러 가야 해.
- 나 외에, 내 동생도 축구 팬이야.
- 이 반 친구 몇 명 외에, 저 반 친구 몇 명도 중국에 간 적이 있어.
- 우리 집은 내가 여행을 좋아하는 것 외에, 우리 엄마도 여행을 좋아하셔.

除了星期六，星期天也要去听课。

除了我以外，我弟弟也是个足球迷。

除了这几个同学以外，那几个同学也去过中国。

我们家除了我喜欢旅行以外，我妈妈也很喜欢旅行。

'除了……(以外), ……也……' 구조는 어떤 부분을 제외하고 나머지를 보충하는 것으로 뒤에 '还, 也' 등과 주로 호응하며, '~ 외에, ~도 ~이다'의 의미이다.

02 学了一整天了

MP3 02-06

- 그 사람은 이미 겨우내 기다렸어.
- 그 사람은 친구 집에서 한 주 동안 살았어.
- 아빠는 이미 여기에서 한 시간 동안 주무셨어.
- 우리는 한 시간 넘게 걸었는데, 아직 도착하지 않은 것 같아.

他已经等了一个冬天了。

他在朋友家住了一个星期了。

爸爸已经在这儿睡了一个小时了。

我们走了一个多小时了，好像还没到。

'동사＋了＋시간의 길이＋了' 구조는 일정한 시간의 길이 동안 동작을 지속하였으며 지금도 그것을 유지하고 있다는 의미를 나타낸다.

03 值得一去!

MP3 02-07

• 이 노래는 한번 들어 볼 만해.   这首歌值得一听。

• 이곳은 한번 여행 가 볼 만한 가치가 있어.   这个地方值得一游。

• 난 베이징의 자금성이 한번 가 볼 만한 가치가   我觉得北京的故宫真值得一去。
  있다고 생각해.

• 그 도시는 한번 가 볼 만한 관광 명소가 많이 있어.   那个城市有很多值得一看的景点。

'值得一＋동사' 구조는 '한번 ～해 볼 만한 가치가 있다'라는 의미이다.

> **단어** 首 shǒu ⓥ 곡, 수[시, 노래 등을 세는 단위] | 故宫 Gùgōng 고유 자금성

04 咱们都去尝尝看!

MP3 02-08

• 너 입어 봐 봐, 나는 정말 예쁠 것 같아.   你穿穿看，我觉得挺好看的。

• 나 한 번 해 볼게, 성공할 수 있을지도 몰라.   我试试看，说不定能成功呢。

• 너 말해 봐 봐, 너 도대체 어떻게 생각해?   你说说看，你到底是怎么想的?

• 너 생각해 봐, 그 사람이 어떻게 이런 곳에 오겠어.   你想想看，他怎么会到这种地方来呢。

'동사 중첩＋看' 구조는 看이 중첩된 동사 뒤에 쓰여 '～을 시도해 보다'의 의미를 나타낸다.

05 你到底是去还是不去啊?

MP3 02-09

- 너희들 도대체 사는 거야 안 사는 거야?   你们到底买还是不买?
- 이것을 배우는 것이 도대체 무슨 소용이 있는 거야?   学习这个到底有什么用啊?
- 너 도대체 왜 안 되는 건지 나한테 알려줘.   你告诉我到底为什么不行呢。
- 도대체 되는 거야 안 되는 거야? 너 분명하게 말해.   到底是行还是不行? 你说清楚。

到底는 부사로 의문문에서 좀 더 추궁하는 뜻으로, 동사, 형용사 혹은 주어 앞에 나올 수 있으며 '도대체'의 의미이다. 주어가 의문사이거나, 의문문이 있을 경우, 到底는 주어 앞, 의문문 앞에만 올 수 있다.

06 这么多好吃的, 哪能不去啊!

MP3 02-10

- 이 일을 어떻게 너를 탓할 수 있겠어!   这件事, 哪能怪你呢!
- 네가 한턱내는데, 내가 어떻게 가지 않을 수 있겠어!   你请客, 我哪能不去啊!
- 이것은 비밀인데, 내가 어떻게 다른 사람한테 말할 수 있겠어!   这是个秘密, 我哪能跟别人说呢!
- 너 이렇게 열심히 공부하는데 어떻게 시험을 못 볼 수가 있겠어!   你学习这么努力, 哪能考不好啊!

'哪能……'은 동사 앞에 위치하여 반문의 뉘앙스를 나타내며, '어떻게 ~할 수 있겠어(~할 수 없다)'라는 의미이다. 이때 哪는 něi로 발음할 수 없다.

단어 怪 guài 동 책망하다 | 秘密 mìmì 명 비밀

단어를 교체하며 문형을 익히는 연습입니다. 반복하여 읽어 보세요.

1

① ② ③ ④ ⑤ 🎧 MP3 02-11

除了星期六，星期天也要去听课。

除了我以外，我弟弟也是个足球迷。

除了他，别的同学也想去中国留学。

我们家除了我，我妈妈也喜欢吃中国菜。

특선 먹거리 외에 다른 먹거리도 맛 좀 보고 싶어요.

그 사람 외에 우리들도 베이징 오리구이를 먹어 본 적이 없어.

민간 먹거리 외에, 궁중 먹거리도 한번 맛볼 가치가 있어.

우리 집은 우리 언니 외에, 우리 남동생도 중국어를 배우고 있어.

2

① ② ③ ④ ⑤ 🎧 MP3 02-12

那件事情已经过了一个星期了。

爸爸已经在这儿睡了一个小时了。

我等了半天了，你能不能快点儿？

我们走了一个多小时了，好像还没到。

우리는 이미 6개월째 공부하고 있어.

우리는 1시간 넘게 얘기했어, 집에 가야겠어.

그 사람들은 이미 세 시간 넘게 봤는데도 아직 다 보지 못했어.

내가 여기서 30분을 기다렸는데 그 사람은 왜 아직 안 오는 거야?

3

□ 1 2 3 4 5　🎧 MP3 02-13

我试试看，说不定能成功呢。

我泡好以后，你可以尝尝看。

你说说看，他这样做到底对不对。

你想想看，他怎么会到这种地方来呢。

여러분 기회가 있으면 한번 배워 봐도 좋아요.

너 말해 봐, 너 이렇게 하면 무슨 좋은 점이 있어?

네가 한번 해 봐, 나는 가능성이 크다고 생각해.

너 잘 생각 좀 해 봐, 그 사람이 이렇게 말하는 것이 무슨 뜻인지.

4

□ 1 2 3 4 5　🎧 MP3 02-14

你们到底买还是不买？

学习这个到底有什么用啊？

你这么说到底是什么意思？

到底是什么事让妈妈这么高兴？

너희들 도대체 뭘 먹고 싶은 거야?

너는 그 사람들이 도대체 어디에서 만나는지 알아?

도대체 누구의 잘못인지, 나도 분명하게 말할 수 없어.

난 그 사람들이 도대체 갈 생각이 있는지 없는지 모르겠어.

본문을 응용한 회화 연습입니다. 뜻을 생각하며 읽어 보세요.

MP3 02-15

1

A 北京的王府井，你去过吗？
Běijīng de Wángfǔ Jǐng, nǐ qùguo ma?

B 去过一次，那里的特色小吃可多了，值得一去。
Qùguo yí cì, nàlǐ de tèsè xiǎochī kě duō le, zhídé yí qù.

2

A 来中国后，你最想念的家乡菜是什么？
Lái Zhōngguó hòu, nǐ zuì xiǎngniàn de jiāxiāng cài shì shénme?

B 其实我最想念的是妈妈做的菜。
Qíshí wǒ zuì xiǎngniàn de shì māma zuò de cài.

3

A 学校附近新开了一家宫廷小吃店，我带你去解解馋。
Xuéxiào fùjìn xīn kāile yì jiā gōngtíng xiǎochī diàn, wǒ dài nǐ qù jiějie chán.

B 太好了。我正想吃点儿东西填肚子呢。
Tài hǎo le. Wǒ zhèng xiǎng chī diǎnr dōngxi tián dùzi ne.

4

A 你到底跟不跟我们一起去吃宵夜啊？
Nǐ dàodǐ gēn bu gēn wǒmen yìqǐ qù chī xiāoyè a?

B 哪能不去啊。我都快饿死了。
Nǎ néng bú qù a. Wǒ dōu kuài èsǐ le.

단어 宵夜 xiāoyè 몡 야식, 밤참

더 높이 날아 봐요! 更上一层楼!

중국의 먹거리 문화와 관련한 표현입니다. 알맞은 상황에서 잘 활용해 보세요. MP3 02-16

不会喝豆汁就不能算是北京人。
Bú huì hē dòuzhī jiù bù néng suànshì
Běijīng rén.
두유를 먹을 줄 모르면 베이징 사람이 아니야.

第一次喝豆汁都觉得不好喝，慢慢地就会喜欢上了。
Dì yī cì hē dòuzhī dōu juéde bù hǎo hē,
mànmàn de jiù huì xǐhuan shàng le.
처음 두유를 마시면 맛이 없다고 생각하는데,
점점 좋아하게 돼.

北京小吃有很多年历史了吧?
Běijīng xiǎochī yǒu hěn duō nián lìshǐ le ba?
베이징 먹거리는 역사가 오래되었지?

制作豌豆黄非常麻烦。
Zhìzuò wāndòuhuáng fēicháng máfan.
완더우황은 만들기 엄청 번거로워.

现在老百姓都吃得起豌豆黄了。
Xiànzài lǎobǎixìng dōu chīdeqǐ
wāndòuhuáng le.
요즘 일반인도 완더우황을 먹을 수 있게 되었어.

立春这天，中国人有吃春饼和吃春卷的习俗。
Lìchūn zhè tiān, Zhōngguó rén yǒu
chī chūnbǐng hé chī chūnjuǎn de xísú.
입춘에 중국 사람들은 춘병과 춘권을 먹는 풍습이 있어.

자주 활용할 수 있는 문장입니다. 100문장 암기를 목표로 외워 보세요.

 MP3 02-17

11 中国饮食除了主食以外，特色小吃也是一个不可缺少的组成部分。

12 因为有各种不同风味儿的小吃，所以很受游客的欢迎。

13 那些小吃不但能填饱肚子，还带着一种家乡的味道。

14 学了一整天了，你们想不想跟我一起去吃个夜宵啊?

15 我现在一点儿也不饿啊。

16 中国的夜宵都是一些小吃，主要是去解解馋。

17 那夜市里的小吃啊，种类可多了，值得一去!

18 咱们都去尝尝看!

19 你到底是去还是不去啊?

20 这么多好吃的，哪能不去啊!

벌써 20문장이 술술!

11	12	13	14	15	16	17	18	19	20
✓									

즐겨 보아요!

绕口令 잰 말 놀이

老爷子
Lǎo yézi

할아버지

南边来个老爷子，
Nánbian lái gè lǎo yézi,

남쪽에서 온 한 할아버지

手里拿碟子，
shǒu lǐ ná diézi,

손에 접시를 들고 있었고

碟子里装茄子，
diézi lǐ zhuāng qiézi,

접시에는 가지가 담겨 있었는데

一下碰上了橛子。
yíxià pèngshàngle juézi.

단번에 말뚝에 부딪혔네.

打了碟子，洒了茄子，
Dǎle diézi, sǎle qiézi,

접시를 깨뜨렸고, 가지가 쏟아졌고,

摔坏了老爷子。
shuāihuàile lǎo yézi.

할아버지가 미끄러졌네.

03

服饰

○ 학습 목표 전통 복식과 관련된 문화를 이해하고 다양한 표현을 활용할 수 있다.

○ 학습 내용 1. 전통 복식 관련 문화 2. 就是……

中山服
중산복

西装
양복

CAFE

旗袍&长袍

长袍
창파오

旗袍
치파오

생각해 봐요!

다음 상황을 중국어로 생각해 보세요.

최지민

한쉐, 너 다음 주 면접 간다며, 준비 어떻게 돼 가?

한쉐

거의 다 준비했는데, 다만 어떤 옷을 입어야 할지 아직 생각 못 했어.

최지민

회사는 어떤 특별한 요구 사항이 있어?

한쉐

이 회사는 IT 업종과 관련 있는 회사여서 아마도 개성을 비교적 중시할 거야.

최지민

만약 네가 중국식 치파오를 입고 가면, 개성이 넘칠 게 틀림없겠지?

한쉐

어떻게 그래? 화려한 원피스 입고 면접 가는 것은 별로 안 좋겠지?

최지민

그건 그렇지. 하지만 나는 정말 치파오 하나 사고 싶어.

한쉐

전통적인 것 아니면 개량한 것?

최지민

나는 너무 허리가 잘록한 것은 좋아하지 않아, 심플하고 좀 우아하면 돼.

한쉐

그럼 내가 너 데리고 개량 치파오 보러 가 줄게, 네가 틀림없이 좋아할 거야.

최지민

나 급하지 않아, 먼저 네 옷부터 사는 것이 좋을 것 같아.

○ 중국은 역사가 오래된 나라이기 때문에 시기별로 다양한 의상과 장신구가 있습니다. 그중 비교적 잘 알려진 것으로는 치파오가 있습니다. 중국의 전통 의상에 대해 생각하면서 공부해 보세요.

본문 ① 읽어 보기

이 과의 주제와 관련된 내용의 평서문입니다. 뜻을 생각하며 읽어 보세요.   🎧 MP3 03-02

很久以前，中国的男人一般都穿"长袍"或"马褂儿"，民国时期，开始出现了"中山装"，再后来中国开放了，男人们开始穿起了"西装"。说起①中国女人的传统服饰，那就不能不提到②"旗袍"了。最初的旗袍中间是不收腰的。后来一些汉族女性对这种服饰进行了收腰的改造，旗袍也变得更加漂亮了。最近很多外国人对中国文化很感兴趣，有的人来中国旅行时还会买上一件旗袍回去做纪念呢。

🔑 문법 Tip!

❶ 说起는 '~를 말하니까' 혹은 '~를 말하자면'의 의미이다.

❷ 提到는 동사 提와 결과보어 到가 결합된 형태로 '언급하다', '말하다'의 의미이다.

❸ 就是는 범위를 확정하는데, 就是 뒤에 있는 것만 제외됨을 나타낸다.

❹ 那怎么行啊는 '그렇게 하면 어떻게 되겠어?', 즉 그렇게 하면 안 된다는 것을 표현하는 말로 회화에서 자주 사용한다.

❺ 那倒也是는 '그건 그렇지.'라는 의미로, 원래는 생각하지 못했지만 상대방의 말에 동의하는 표현으로 회화에서 자주 사용한다.

❻ 肯定은 부사로 '반드시', '틀림없이', '꼭'의 의미를 나타내며 앞으로 있을 일을 강하게 추측하므로 자주 会와 함께 출현한다.

👄 발음 Tip!

❶ 要求 yāoqiú의 要 yāo는 1성이다.

❷ 大方一点儿에서 大方은 고상하다의 의미로 이때는 dàfang으로 발음하고 贻笑大方 yíxiào dàfāng (전문가들의 비웃음을 사다)에서 大方은 '전문가' 혹은 '대가'의 의미로 dàfāng으로 발음 한다.

본문 ② 대화하기

전통 옷을 주제로 한 대화입니다. 내용을 생각하며 읽어 보세요.

MP3 03-03

崔智敏　小雪，听说你下星期要去参加面试，准备得怎么样了？

韩雪　　准备得差不多了，就是❸穿什么衣服还没想好呢。

崔智敏　公司有什么特别的要求吗？

韩雪　　这是一家跟IT行业有关的公司，可能会比较注重个性。

崔智敏　如果你穿一件中式的旗袍去，一定会很有个性吧？

韩雪　　那怎么行啊❹？穿个花花的连衣裙去面试，不太好吧？

崔智敏　那倒也是❺。不过，我还真挺想买件旗袍的呢。

韩雪　　传统的还是改良的？

崔智敏　我不喜欢太收腰的，简单大方点儿的就行。

韩雪　　那我带你去看看改良的旗袍吧，你肯定会❻喜欢。

崔智敏　我不着急，还是先去买你的衣服吧。

본문에 나온 새 단어입니다. 글자, 한어병음, 뜻을 모두 익히세요.　🎧 MP3 03-04

☐ **服饰** fúshì 몡 의복과 장신구, 옷, 복식

☐ **男人** nánrén 몡 남자

☐ **长袍** chángpáo 몡 창파오[중국 전통의 긴 남자 옷]

☐ **马褂儿** mǎguàr 몡 중국 전통 마고자

☐ **民国** Mínguó 고유 중화민국[中华民国 (1912-1949)의 줄임말]

☐ **时期** shíqī 몡 시기

☐ **出现** chūxiàn 동 출현하다 몡 출현

☐ **中山装** zhōngshānzhuāng 몡 중산복, 인민복

☐ **后来** hòulái 몡 그 후

☐ **开放** kāifàng 동 개방하다 형 개방적이다

☐ **西装** xīzhuāng 몡 양복

☐ **女人** nǚrén 몡 여자

☐ **提** tí 동 제시하다

☐ **旗袍** qípáo 고유 치파오[중국 전통 여성 옷]

☐ **最初** zuìchū 몡 최초

☐ **中间** zhōngjiān 몡 중간

☐ **腰** yāo 몡 허리

☐ **汉族** Hànzú 고유 한족

☐ **女性** nǚxìng 몡 여성

☐ **进行** jìnxíng 동 진행하다 몡 진행

☐ **改造** gǎizào 동 개조하다 몡 개조

☐ **更加** gèngjiā 부 더욱더, 한층

☐ **纪念** jìniàn 동 기념하다 몡 기념(품)

☐ **要求** yāoqiú 몡 요구 동 요구하다

☐ **注重** zhùzhòng 동 중시하다

☐ **个性** gèxìng 몡 개성

☐ **花** huā 형 알록달록하다, 화려하다

☐ **连衣裙** liányīqún 몡 원피스, 드레스

☐ **改良** gǎiliáng 동 개량하다, 옷맵시를 바꾸다

☐ **简单** jiǎndān 형 간단하다

☐ **大方** dàfang 형 고상하다, 우아하다

배워 봐요!

학一学!

중급 단계에서 꼭 필요한 주요 문법입니다. 반복하여 학습하세요.

01 说起中国女人的传统服饰，那就不能不提到"旗袍"了

MP3 03-05

- 부모님 얘기를 하니까 그녀는 울음을 참을 수가 없었어.
- 베이징을 말하면, 모두 자금성을 생각하게 돼.
- 이 일을 얘기할 때마다 엄마는 화를 내셔.
- 아들이 대학에서의 재밌는 일들을 말하는 것을 듣고 아빠 엄마는 모두 즐거워하서.

说起父母她忍不住哭了。

说起北京，大家都会想到故宫。

每次说起这件事，妈妈就会很生气。

听儿子说起大学里的一些趣事，爸妈都很开心。

说起는 '~를 말하니까' 혹은 '~를 말하자면'의 의미이다.

단어 忍不住 rěn bu zhù 참을 수 없다 | 儿子 érzi 명 아들 | 趣事 qùshì 명 재미있는 일

02 说起中国女人的传统服饰，那就不能不提到"旗袍"了

MP3 03-06

- 식사할 때, 그 사람은 여러 차례 너를 언급했어.
- 이 일을 언급하면, 그는 바로 기분이 안 좋아질 거야.
- 이 사람을 언급하면, 오빠는 바로 화를 낼 거야.
- 어제 회의할 때, 총장이 이 일을 언급했어.

吃饭时，他好几次提到你。

提到这件事，他就会很不开心。

提到这个人，哥哥就会很生气。

昨天开会时，校长提到了这件事。

提到는 동사 提와 결과보어 到가 결합된 형태로 '언급하다', '말하다'의 의미이다.

단어 校长 xiàozhǎng 명 (교장·학장·총장 등) 학교장

03 准备得差不多了，就是穿什么衣服还没想好呢

- 여기 음식은 맛있는데 좀 매워.

  这儿的菜都很好吃，就是有点儿辣。

- 중국어 공부하는 것은 정말 재미있는데 좀 어려워.

  学习汉语挺有意思的，就是有点儿难。

- 요즘 날씨가 좋은데, 어제만 비가 좀 내렸어.

  最近天气还不错，就是昨天下了一点儿雨。

- 다른 것은 모두 다 샀는데, 어떤 음료수를 사야 할지만 아직 생각 못 했어.

  别的都买好了，就是要买什么饮料还没想好。

就是는 범위를 확정하는데, 就是 뒤에 있는 것만 제외됨을 나타낸다.

단어　饮料 yǐnliào 명 음료

04 那怎么行啊？

- A 우리 함께 외식하자!

  咱们一起去外面吃吧!

  B 어떻게 그래? 밥 이미 다 했어.

  那怎么行啊? 饭都做好了。

- A 나 여기에서 너 기다릴게.

  我在这儿等你吧。

  B 어떻게 그래? 여기는 너무 추워.

  那怎么行啊? 这儿太冷了。

那怎么行啊는 '그렇게 하면 어떻게 되겠어?', 즉 그렇게 하면 안 된다는 것을 표현하는 말로 회화에서 자주 사용한다.

05 那倒也是

MP3 03-09

- Ⓐ 너 늘 이렇게 하면, 다른 사람이 불만이 생길 거야.

  Ⓑ 그것도 그렇겠다.

  你总是这样的话，别人会有意见的。

  那倒也是。

- Ⓐ 이것은 너 자신의 일이니까, 다른 사람이 어떻게 말하는지에 신경 쓰지 마.

  Ⓑ 그것도 그래.

  这是你自己的事情，不要管别人怎么说。

  那倒也是。

那倒也是는 '그건 그렇지.'라는 의미로, 원래는 생각하지 못했지만 상대방의 말에 동의하는 표현으로 회화에서 자주 사용한다.

단어 意见 yìjiàn 명 의견 | 管 guǎn 동 간섭하다

06 那我带你去看看改良的旗袍吧，你肯定会喜欢

MP3 03-10

- 걱정하지 마, 그 사람 분명히 너한테 허락해 줄 거야.

  别担心，他肯定会答应你的。

- 네가 이렇게 가고 싶어 하니까 아빠가 틀림없이 너를 데리고 가 주실 거야.

  你这么想去，爸爸肯定会带你去的。

- 이렇게 재미있는 이벤트는 그 사람들이 틀림없이 흥미를 느낄 거야.

  这么有意思的活动，他们肯定会感兴趣的。

- 만약 볼 만하고 놀 만한 것이 없으면, 이 학생들은 기분 안 좋을 게 틀림없어.

  要是没有可看可玩的，这些学生肯定会不高兴的。

肯定은 부사로 '반드시', '틀림없이', '꼭'의 의미를 나타내며 앞으로 있을 일을 강하게 추측하므로 자주 会와 함께 출현한다.

연습해 봐요!

단어를 교체하며 문형을 익히는 연습입니다. 반복하여 읽어 보세요.

1

1 2 3 4 5 MP3 03-11

说起父母，她忍不住哭了。

说起这件事，他就很不高兴。

说起北京，大家都会想到故宫。

说起这个人，大家一定不会陌生。

어릴 때 그 일들을 말하니, 모두 웃기
시작했어.

서울을 말하면, 우리는 모두 경복궁을
생각하게 돼.

이 아이를 말하면, 할아버지, 할머니 모두
자부심을 느껴.

중국의 전통문화를 말하면, 그건 경극을
언급하지 않을 수가 없어.

2

1 2 3 4 5 MP3 03-12

吃饭时，他好几次提到你。

提到这件事，他就会很不开心。

他们开会时，提到了版权的问题。

吃饭时，他提到了一件很有意思
的事情。

이 책에서는 '남녀평등'의 문제를 언급했어.

이 문제를 언급하는 건 모두가 민감하게
생각해.

어제 우리가 만났을 때, 그 사람은 여전히 이
일을 언급했어.

이 회사를 언급하면, 모두 아마도 호기심이
생길 거야.

단어 景福宫 Jǐngfúgōng 고유 경복궁 | 骄傲 jiāo'ào 형 자랑
스럽다, 교만하다 | 京剧 jīngjù 명 경극

단어 版权 bǎnquán 명 판권, 저작권 | 平等 píngděng 형 평등하다 |
敏感 mǐngǎn 형 민감하다

3 ①②③④⑤ 🎧 MP3 03-13

味道还不错，就是价钱有点儿贵。

别的都想好了，就是住哪儿还没想好。

学习汉语挺有意思的，就是有点儿难。

别的都买好了，就是要买什么饮料还没想好。

날씨는 그런대로 괜찮지만 좀 추워.

이 책은 정말 재미있기는 한데 다만 내용이 좀 어려워.

다른 것은 모두 문제가 없지만 공기가 별로 좋지 않아.

다른 것은 모두 준비 다 했는데, 제목은 아직 생각 못 했어.

4 ①②③④⑤ 🎧 MP3 03-14

明天肯定不会下雨。

别担心，妈妈肯定会同意的。

别担心，他肯定会答应你的。

你这么努力学习，肯定会拿到好成绩。

이번 시험은 틀림없이 쉽지 않을 거야.

그 사람은 이 요구들을 제기할 것이 틀림없어.

이렇게 재미있는 활동은 그 사람들이 틀림없이 흥미를 느낄 거야.

나는 그 사람이 틀림없이 너를 실망시키지 않을 거라고 생각해.

单어 价钱 jiàqián 몡 가격 | 空气 kōngqì 몡 공기 | 题目 tímù 몡 제목

본문을 응용한 회화 연습입니다. 뜻을 생각하며 읽어 보세요.

🎧 MP3 03-15

1

A 这件旗袍送给你吧!
Zhè jiàn qípáo sònggěi nǐ ba!

B 那怎么行啊? 你留着自己穿吧。
Nà zěnme xíng a? Nǐ liúzhe zìjǐ chuān ba.

> 중국인은 상대방이 호의를 베풀면 여러 차례 거절하는 습관이 있습니다. 예의상 하는 말로 이해하면 좋아요

2

A 你们一般什么时候穿韩服啊?
Nǐmen yìbān shénme shíhou chuān hánfú a?

B 过年啦, 过生日啦, 参加婚礼啦, 很多人都会穿韩服。
Guònián la, guò shēngrì la, cānjiā hūnlǐ la, hěn duō rén dōu huì chuān hánfú.

3

A 这是我新买的一套西装, 怎么样?
Zhè shì wǒ xīn mǎi de yí tào xīzhuāng, zěnmeyàng?

B 打算穿着去参加面试吧? 挺不错的。
Dǎsuàn chuānzhe qù cānjiā miànshì ba? Tǐng búcuò de.

4

A 这条连衣裙太花了, 不太适合你。
Zhè tiáo liányīqún tài huā le, bú tài shìhé nǐ.

B 嗯, 我也喜欢简单大方点儿的。
Èng, wǒ yě xǐhuan jiǎndān dàfang diǎnr de.

단어 留 liú 통 남겨 두다 | 韩服 hánfú 고유 한복 | 适合 shìhé 형 알맞다

복식과 관련한 성어 표현입니다. 알맞은 상황에서 잘 활용해 보세요.　　MP3 03-16

人靠衣装马靠鞍
Rén kào yīzhuāng mǎ kào ān.
옷이 날개다.
(사람은 옷에 의지하고 말은 안장에 의지한다)

好看是好看，但我觉得领子高了点儿。
Hǎokàn shì hǎokàn,
dàn wǒ juéde lǐngzi gāo le diǎnr.
예쁘기는 예쁘지만, 깃이 좀 높은 것 같아요.

这种款式的旗袍可受欢迎了。
Zhè zhǒng kuǎnshì de qípáo kě shòu
huānyíng le.
이런 스타일의 치파오는 정말 인기가 좋아요.

太漂亮了，就像给您订做的一样。
Tài piàoliang le,
jiù xiàng gěi nín dìngzuò de yíyàng.
정말 예뻐요, 손님을 위해 만든 것 같아요.

这件旗袍有点儿太正式了。
Zhè jiàn qípáo yǒudiǎnr tài zhèngshì le.
이 치파오는 좀 너무 딱딱한 느낌이에요.

旗袍有旗袍的特点，唐装有唐装的风格。
Qípáo yǒu qípáo de tèdiǎn,
tángzhuāng yǒu tángzhuāng de fēnggé.
치파오는 치파오의 특징이 있고,
탕좡은 탕좡의 스타일이 있어요.

자주 활용할 수 있는 문장입니다. 100문장 암기를 목표로 외워 보세요.

21 说起中国女人的传统服饰，那就不能不提到"旗袍"了。

22 准备得差不多了，就是穿什么衣服还没想好呢。

23 公司有什么特别的要求吗?

24 这家公司可能会比较注重个性。

25 那怎么行啊?

26 穿个花花的连衣裙去面试，不太好吧?

27 那倒也是。

28 传统的还是改良的?

29 我不喜欢太收腰的，简单大方点儿的就行。

30 那我带你去看看改良的旗袍吧，你肯定会喜欢。

벌써 30문장이 술술!

| 21 | 22 | 23 | 24 | 25 | 26 | 27 | 28 | 29 | 30 |
| ✓ | | | | | | | | | |

中国传统服饰变化 중국 전통 옷 변천과정

진秦 · 당唐 · 송宋 · 원元 · 청清

진秦 · 당唐 · 송宋 · 원元 · 청清

04

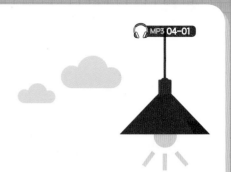

MP3 04-01

胡同

○ 학습 목표　후퉁이나 사합원에 관련된 문화를 이해하고 다양한 표현을 활용할 수 있다.

○ 학습 내용　**1.** 후퉁과 사합원 관련 문화　　**2.** 一……就……

생각해 봐요! 想一想!

다음 상황을 중국어로 생각해 보세요.

최지민

가오펑, 네가 말한 그 사합원은 도대체 어느 후통에 있는 거야?

가오펑

동쪽으로 쭉 걸어가다 세 번째 길목에서 북쪽으로 돌면 바로야.

최지민

무슨 동, 서, 남, 북 하는 것을 나는 잘 구분 못 하겠어. 너희 베이징 사람들은 길을 가리킬 때, 왼쪽이나 오른쪽은 잘 말하지 않고 오직 동서남북으로 말하는 것만 좋아하더라.

가오펑

이것은 네가 이해 못 하는 거야, 베이징은 남쪽에서 북쪽까지 중앙선이 있어, 자금성은 바로 이 중앙선의 중심 위치에 있어서 전체 도시의 동서남북이 분명하게 구분되어 있어.

최지민

원래 그런 거였구나. 현대 베이징 도시에 또 이렇게 많은 후통이 있을 줄은 생각을 못 했어.

가오펑

큰일 났다! 여기 전부 변해 버렸어! 나 그 사합원 또 정말 찾을 수가 없게 되었어!

최지민

많은 후통이 모두 변한 거야?

가오펑

찾았다, 너 어서 봐, 이곳이 바로 내가 너를 데리고 와서 보여 주고 싶었던 그 사합원이야!

○ 베이징에서 중국 특유의 고풍적인 분위기를 느끼는데 후통이나 사합원보다 좋은 곳은 없겠죠. 베이징을 여행하고 있다는 생각으로 공부해 보세요.

🔊 본문 ① 읽어 보기

이 과의 주제와 관련된 내용의 평서문입니다. 뜻을 생각하며 읽어 보세요.

🎧 MP3 04-02

> 　　有不少外国人去北京旅行时，第一个想到的就是胡同。北京的胡同看起来都差不多，但其实每条胡同都有自己的特点。比如说❶有的胡同很窄，北京胡同中最窄的一条胡同——钱市胡同，只有❷40厘米宽，两个人相遇时，得侧着身子才能过去。九湾胡同有十三道弯儿，是北京拐弯儿拐得最多的一条胡同。有时间的话，叫上一辆人力三轮车，在胡同里转转，一定会很有意思。

🔑 문법 Tip!

❶ 比如说는 '예를 들어 말하자면'의 의미이다.
❷ '有+수량사+형용사' 구조로 이때 有는 성질이나 수량이 어느 정도에 이르렀는지를 나타낸다.
❸ '一+동사구+就+동사구' 구조는 두 가지 사건이 동시에 바로 이어서 발생할 때 사용하며 '~하자마자 곧 ~하다'라는 의미이다.
❹ '명사+啊+명사+啊' 구조는 명사가 나열되는 것을 나타낸다.
❺ 부사 就는 다양한 의미를 가지고 있는데 그 중 범위를 나타낼 때 '오직'이라는 의미로 쓰인다.
❻ '동사+不着'는 가능보어의 부정 형식으로, 목표에 이를 수 없음을 나타낸다.

👄 발음 Tip!

❶ 胡同은 胡同儿 hútòngr로 발음할 수도 있는데 이때, hútõr로 비음을 남기도록 발음한다.
　　예 空儿 kòngr → kõnr　　狗洞儿 gǒudòngr → gǒudõr
❷ 弯儿 wānr의 실제 발음은 wār이다.
❸ 什么东啊南啊西啊北的는 啊 뒤에서 잠깐씩 휴지를 둔다.
❹ 你们北京人啊, 指路很少说左或右，就喜欢说东南西北에서 '오직'이라는 의미를 나타내는 就는 강하게 발음한다.
❺ 变样儿 biànyàngr은 실제 biànyãr로 발음하는데 이때 yãr은 비음을 남기도록 발음한다.

본문 ② **대화하기**

후통과 사합원을 주제로 한 대화입니다. 내용을 생각하며 읽어 보세요.

🎧 MP3 04-03

| 崔智敏 | 高朋，你说的那家四合院到底在哪条胡同里啊？ |

| 高朋 | 一直往东走，到第三个路口往北一拐就**❸**是了。 |

| 崔智敏 | 什么东啊南啊西啊**❹**北的，我分不清楚。你们北京人啊，指路很少说左或右，就**❺**喜欢说东南西北。 |

| 高朋 | 这你就不懂了，北京从南到北有一条中轴线，故宫就在这条中轴线的中心位置，整个城市东西南北分得可清楚了。 |

| 崔智敏 | 原来是这样啊。没想到现代的北京城还有这么多胡同！ |

| 高朋 | 糟了！这儿全变样儿了！我还真找不着**❻**那家四合院了！ |

| 崔智敏 | 是不是很多胡同都变样了？ |

| 高朋 | 找到了，你快看，这就是我想带你来看的那家四合院！ |

읽어 봐요!

읽一读!

본문에 나온 새 단어입니다. 글자, 한어병음, 뜻을 모두 익히세요. MP3 04-04

- □ **外国人** wàiguórén 명 외국인

- □ **条** tiáo 양 가늘고 긴 것을 세는 단위

- □ **特点** tèdiǎn 명 특징

- □ **比如** bǐrú 동 예를 들다, 예컨대

- □ **窄** zhǎi 형 (폭이) 좁다

- □ **钱市胡同** Qiánshì Hútòng
  고유 첸스후퉁[베이징의 골목 이름]

- □ **厘米** límǐ 양 센티미터(cm)

- □ **宽** kuān 형 (폭이) 넓다

- □ **侧** cè 동 한쪽으로 기울이다

- □ **身子** shēnzi 명 몸

- □ **九湾胡同** Jiǔwān Hútòng
  고유 지우완후퉁[베이징의 골목 이름]

- □ **弯儿** wānr 명 굽은 곳, 모퉁이

- □ **拐** guǎi 동 방향을 바꾸다

- □ **辆** liàng 양 대[차량을 세는 단위]

- □ **人力** rénlì 명 인력

- □ **三轮车** sānlúnchē 명 삼륜차[바퀴가
  세 개로 된 차]

- □ **转** zhuàn 동 둘러보다, 돌다

- □ **四合院** sìhéyuàn 명 사합원[베이징의
  전통 가옥 형태]

- □ **往** wǎng 전 ~쪽으로

- □ **东** dōng 명 동, 동쪽

- □ **南** nán 명 남, 남쪽

- □ **西** xī 명 서, 서쪽

- □ **北** běi 명 북, 북쪽

- □ **分** fēn 동 분별하다, 식별하다

- □ **指路** zhǐ lù 길을 가리키다, 길을 안내하다

- □ **左** zuǒ 명 왼쪽

- □ **右** yòu 명 오른쪽

- □ **中轴线** zhōngzhóuxiàn 명 중축선,
  중심선

- □ **故宫** Gùgōng 고유 자금성, 고궁
  [베이징에 있는 명청시의 궁궐]

- □ **中心** zhōngxīn 명 중심

- □ **整个** zhěnggè 형 전체의

- □ **现代** xiàndài 명 현대

- □ **变样儿** biànyàngr 동 모양이 변하다,
  면모가 바뀌다

배워 봐요!

学一学!

중급 단계에서 꼭 필요한 주요 문법입니다. 반복하여 학습하세요.

01 比如说有的胡同很窄

MP3 04-05

- 예를 들어 말하자면, 그 사람은 중국어를 정말 잘해.

  比如说他的汉语，就特别好。

- 예를 들어 말하자면, 올여름은 특별히 더운 것은 아니야.

  比如说今年的夏天，就不是特别热。

- 맛있는 것 많아, 예를 들어 말하자면, 초콜릿, 케이크 등등이 있어.

  好吃的很多啊，比如说巧克力、蛋糕等等。

- 중국은 대도시가 많아, 예를 들어 베이징, 상하이 등등이 있어.

  中国有很多大城市，比如说北京、上海等等。

比如说는 '예를 들어'라는 比如에 说가 함께 나오는 형식으로 '예를 들어 말하자면, '예를 들면'으로 해석할 수 있다.

02 只有40厘米宽

MP3 04-06

- 이 탁자는 길이가 2미터에 달해.

  这张桌子有两米长。

- 여기는 수심이 10미터야.

  这儿的水有十米深。

- 내가 심은 나무는 1미터가 되었어.

  我种的树有一米高了。

- 이 의자는 너비가 50센티미터밖에 안 돼.

  这把椅子只有50厘米宽。

'有+수량사+형용사' 구조로 이때 有는 성질이나 수량이 어느 정도에 이르렀는지를 나타낸다.

단어 米 mǐ 양 미터(m) | 深 shēn 형 깊다 | 种 zhòng 동 심다, 기르다 | 树 shù 명 나무

03 到第三个路口往北一拐就是了

🎧 MP3 04-07

• 날이 밝자마자 우리들은 떠나.	天一亮我们就走。
• 그 사람은 들어오자마자 나를 봤어.	他一进门就看到我了。
• 보면 바로 알아, 그 사람은 좋은 학생이 틀림없어.	一看就知道，他肯定是个好学生。
• 그는 똑똑한 아이여서, 듣자마자 이해할 거야.	他是个聪明的孩子，一听就明白。

'一＋동사구＋就＋동사구' 구조는 두 가지 사건이 동시에 바로 이어서 발생할 때 사용하며 '～하자마자 곧 ～하다'라는 의미이다.

단어 亮 liàng 혱 밝다, 환하다

04 什么东啊南啊西啊北的，我分不清楚

🎧 MP3 04-08

• 여기의 생선, 고기, 너희들 마음대로 먹어.	这里的鱼啊肉啊，你们随便吃。
• 학생, 학부모, 모두 이 일에 관심을 두고 있어.	学生啊家长啊，都在关注这件事。
• 무슨 축구, 농구 이런 운동, 나는 모두 좋아해.	什么足球啊篮球啊这些运动，我都很喜欢。
• 나는 컴퓨터, 휴대전화 이런 물건에 대해, 전혀 흥미가 없어.	我对电脑啊手机啊这些东西，一点儿都不感兴趣。

'명사＋啊＋명사＋啊' 구조는 啊 뒤에서 잠깐 쉬어 주면서 나열을 나타낸다.

단어 肉 ròu 혱 고기 | 家长 jiāzhǎng 혱 학부모

05 你们北京人啊，指路很少说左或右，就喜欢说东南西北

MP3 **04-09**

- 나는 미국을 가고 싶지 않고, 중국만 가고 싶어.

- 그 사람은 다른 것은 모두 안 좋아하고, 볶음밥만 좋아해.

- 형은 중국영화는 안 보고, 미국 영화 보는 것만 좋아해.

- 이 아이는 콜라만 좋아하고 다른 음료수는 다 좋아하지 않아.

我不想去美国，就想去中国。

他别的都不爱吃，就爱吃炒饭。

哥哥不看中国电影，就爱看美国电影。

这个孩子就喜欢喝可乐，别的饮料都不喜欢。

부사 就는 다양한 의미를 가지고 있는데 그 중 범위를 나타낼 때 '오직'이라는 의미로 쓰이고, 이때 就는 강하게 발음한다.

06 我还真找不着那家四合院了

MP3 **04-10**

- 어제 아무리 자려고 해도 잠을 잘 수가 없었어.

- 찾을 수 없으면 관둬, 찾지 마.

- 이런 휴대전화는 아마도 여기에서는 살 수 없을 거야.

- 여러 번 갔는데도 항상 그 사람을 만날 수가 없었어.

昨天怎么睡也睡不着。

找不着就算了，别找了。

这种手机可能在这儿买不着。

去了好几次，却总也见不着他。

'동사+不着'는 가능보어의 부정 형식으로 목표에 이를 수 없음을 나타낸다. 긍정 형식으로는 '能+동사+着' 혹은 '동사+得着'로 나타낼 수 있다. 이때 着는 zháo로 발음한다.

단어 算了 suàn le 통 그만두다, 됐다

연습해 봐요!

단어를 교체하며 문형을 익히는 연습입니다. 반복하여 읽어 보세요.

1 ① ② ③ ④ ⑤ 🎧 MP3 04-11

比如说这种手机，就很受欢迎。

比如说这种电脑，就卖得很好。

比如说今年的夏天，就不是特别热。

好玩儿的地方很多，比如说韩国乐园就很有意思。

예를 들어 말하자면, 이 두 학생은 말을 잘 들어.

중국은 대도시가 많아, 예를 들어 말하자면 베이징, 상하이 등등이 있어.

한국은 명승지가 많이 있어, 예를 들어 말하자면 경복궁, 덕수궁 등이 있어.

여기는 특선 먹거리가 많아, 예를 들어 말하자면 톈진 고기만두, 양꼬치 등등이 있어.

2 ① ② ③ ④ ⑤ 🎧 MP3 04-12

护照啊手机啊什么的，你都别忘了。

电视啊电影啊什么的，我都不怎么看。

苹果啊葡萄啊什么的，这些水果我都很喜欢。

什么北京大学啊清华大学啊，这些都是中国的名牌大学。

무슨 축구, 농구 이런 운동, 나는 모두 좋아해.

나는 컴퓨터, 휴대전화 등등에 대해 모두 흥미가 없어.

무슨 궁중 먹거리, 민간 먹거리, 나는 모두 맛보고 싶어.

무슨 창파오, 중국 마고자 이런 것들은 모두 중국 남자들의 전통 복장이야.

단어 | 德寿宫 Déshòugōng 고유 덕수궁 | 包子 bāozi 명 (소가 든) 만두 | 羊肉串 yángròuchuàn 명 양꼬치 | 天津 Tiānjīn 고유 톈진

단어 | 名牌 míngpái 명 유명 상표

3 🏃 1 2 3 4 5 🎧 MP3 04-13

天一亮我们就走。

你一出门，就能找到。

我一听就知道他是哪里人。

一看就知道，他肯定是个好学生。

아빠는 눕자마자 바로 잠드셨어.

그 사람이 말하자마자 나는 이해했어.

내가 중국에 도착하자마자 너에게 전화할게.

네가 온라인에서 검색만 하면, 바로 찾을 수 있어.

4 🏃 1 2 3 4 5 🎧 MP3 04-14

我不想去美国，就想去中国。

他别的都不爱吃，就爱吃炒饭。

他什么都不想吃，就想休息一会儿。

我现在哪儿都不想去，就想在家呆着。

나는 중국만 가 본 적이 있어.

그 사람은 한자 몇 개만 쓸 줄 알아.

너는 어디도 가지 말고, 꼭 여기에서 기다려.

다른 건 난 할 줄 모르고, 오직 '안녕'만 말할 줄 알아.

단어 呆 dāi 동 머무르다

본문을 응용한 회화 연습입니다. 뜻을 생각하며 읽어 보세요.　MP3 04-15

1

A 这次去北京的话，我一定要去北京的胡同里转转。
Zhè cì qù Běijīng dehuà, wǒ yídìng yào qù Běijīng de hútòng lǐ zhuànzhuan.

B 还可以顺便看看四合院。
Hái kěyǐ shùnbiàn kànkan sìhéyuàn.

转은 3성과 4성이 있는데 이때는 '돌아보다'의 의미로 4성으로 발음해야 합니다.

2

A 你到底知不知道那家饭店在哪儿啊?
Nǐ dàodǐ zhī bu zhīdào nà jiā fàndiàn zài nǎr a?

B 知道，前面第一个十字路口往右一拐就是。
Zhīdào, qiánmiàn dì yī ge shízì lùkǒu wǎng yòu yì guǎi jiùshì.

知不知道는 知道不知道의 道가 생략된 형태입니다.

3

A 这条路也太窄了吧?
Zhè tiáo lù yě tài zhǎi le ba?

B 是啊，不但窄，弯儿还特别多。
Shì a, búdàn zhǎi, wānr hái tèbié duō.

4

A 听说韩国还有一些保存得很不错的韩屋村，是吗?
Tīngshuō Hánguó háiyǒu yìxiē bǎocún de hěn búcuò de Hánwūcūn, shì ma?

B 是啊，有时间你可以去转转。
Shì a, yǒu shíjiān nǐ kěyǐ qù zhuànzhuan.

韩屋村은 한옥마을의 번역어입니다.

단어　保存 bǎocún 图 보존하다 | 韩屋村 Hánwūcūn 고유 한옥마을

후통과 관련된 표현입니다. 알맞은 상황에서 잘 활용해 보세요.

MP3 04-16

这些胡同都修得古香古色的，很有中国的感觉。

Zhèxiē Hútòng dōu xiū de gǔxiāng gǔsè de,
hěn yǒu Zhōngguó de gǎnjué.

이 후통들은 옛 분위기 한껏 느낄 수 있도록 꾸며 놓아서,
정말 중국적인 느낌이야.

我很喜欢这个门墩。

Wǒ hěn xǐhuan zhège méndūn.

나 이 문둔테(문 옆에 있는 돌 혹은 석상)
정말 좋아해.

这儿简直就像一幅中国画，一步一个景啊。

Zhèr jiǎnzhí jiù xiàng yì fú Zhōngguó huà,
yí bù yí ge jǐng a.

여기는 한 폭의 중국 그림 같아,
발걸음 닿을 때마다 다른 그림이 펼쳐져.

因为四面建有房屋，将庭院合围在中间，所以叫"四合院"。

Yīnwèi sìmiàn jiàn yǒu fángwū, jiāng tíngyuàn
héwéi zài zhōngjiān, suǒyǐ jiào "sìhéyuàn".

사면으로 방이 있고, 정원을 중간에
에워싸고 있기 때문에 '사합원'이라고 해.

宽敞是宽敞，但我还是更喜欢楼房。

Kuānchang shì kuānchang,
dàn wǒ háishi gèng xǐhuan lóufáng.

탁 트이기는 했지만, 난 그래도 아파트가 더 좋아.

这张四合院的照片可以做电脑桌面。

Zhè zhāng sìhéyuàn de zhàopiàn kěyǐ zuò
diànnǎo zhuōmiàn.

이 사합원 사진은 컴퓨터 바탕 화면으로 해도 되겠어.

자주 활용할 수 있는 문장입니다. 100문장 암기를 목표로 외워 보세요.

31 比如说有的胡同很窄。

32 钱市胡同只有40厘米宽。

33 两个人相遇时，得侧着身子才能过去。

34 一直往东走，到第三个路口往北一拐就是了。

35 什么东啊南啊西啊北的，我分不清楚。

36 他们指路很少说左或右，就喜欢说东南西北。

37 整个城市东西南北分得可清楚了。

38 没想到现代的北京城还有这么多的胡同！

39 这儿全变样儿了！

40 我还真找不着那家四合院了！

벌써 40문장이 술술!

31	32	33	34	35	36	37	38	39	40
✓									

MP3 04-18

百花深处 백화심처(후통에 대하여)

顾城 Gù Chéng (구청)

百花深处好，　世人皆不晓。
Bǎihuā shēnchù hǎo,　　shìrén jiē bù xiǎo.
백화심처 후통이 이렇게 좋은데, 세상 사람들은 모르는구나.

小院半壁阴，　老庙三尺草。
Xiǎo yuàn bànbì yīn,　　lǎo miào sān chǐ cǎo.
작은 정원의 반쪽 담장에는 그늘이 있고, 오래된 절에 풀이 3척이나 자라 있네.

秋风未曾忘，　又将落叶扫。
Qiūfēng wèi céng wàng,　yòu jiāng luòyè sǎo.
가을 바람은 아직도 잊지 않고, 땅 위의 낙엽을 쓸어 주네.

此处胜桃源，　只是人将老！
Cǐ chù shèng táoyuán,　　zhǐshì rén jiāng lǎo!
이곳이 도원보다 더 좋은데, 그저 사람만 늙어가네!

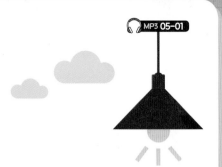

05

古玩

○ 학습 목표　골동품과 수집에 관련된 문화를 이해하고 다양한 표현을 활용할 수 있다.

○ 학습 내용　1. 골동품 및 수집 관련 문화　2. 即使……也……

古董
골동품

字画
서예나 그림

邮票
우표

瓷器
자기

생각해 봐요!

想一想!

다음 상황을 중국어로 생각해 보세요.

최지민
명호야, 지난번 우리 함께 갔던 자금성 입장권 너 아직 가지고 있어?

박명호
언제 일이라고, 쓰레기라고 생각해서 벌써 버렸지!

한쉐
지민아, 너 입장권 뭐 하려고?

가오펑
얘는 특별한 취미가 있는데, 너희들 몰랐지?

박명호
입장권 수집하기?

최지민
입장권뿐만 아니라 각 나라의 우표, 영화표도 모두 관심이 있어.

한쉐
정말 신기하다, 가오펑도 수집광이야!

박명호
어쩐지 지난번 내가 걔 집에서 낡아 빠진 도자기를 많이 봤어!

가오펑
너 그것들이 낡았다고 얕잡아 보지 마, 골동품마다 자기만의 이야기가 있어.

최지민
가오펑, 너 그 골동품은 어디에서 사들인 거야?

가오펑
나는 시간 나면 골동품 시장을 돌아봐, 잘못 샀으면 학비 좀 내고, 지식을 좀 배웠다 셈 치는 거야.

한쉐
잘 샀으면 돈 좀 버는 거지?

가오펑
하하, 네 말이 맞아.

○ 중국은 지역마다 골동품 시장이 매우 발달되어 있어서 골동품 시장에 가서 중국의 옛 물건들을 구경하는 것도 매우 재미있습니다.

본문 ① 읽어 보기

이 과의 주제와 관련된 내용의 평서문입니다. 뜻을 생각하며 읽어 보세요.   🎧 MP3 05-02

　　　最近喜欢收藏的人越来越多了。有的人把收藏当成❶一种兴趣爱好，有的人把收藏当成一种投资；有的人收藏瓷器，有的人收藏字画。但收藏也不是件容易的事儿，收藏的人得有眼力，还得有耐心。只要有时间，就去古董市场逛逛，看看有没有自己喜欢的东西，看中了的话，还可以跟老板砍砍价。外国游客即使买不到真品，也❷可以买个现代仿品回去做个纪念。

🔑 문법 Tip!

❶ '把＋명사구＋当成＋명사구' 구조는 把 자문으로 '~을 ~으로 삼다/여기다'의 의미이다.

❷ '即使……, 也……'는 가정과 양보의 뜻을 나타내며 '설령 ~하더라도, ~하다'의 의미이다.

❸ '早就……了'는 사건의 발생이 지금과 비교할 때 이미 어느 정도의 시간이 지났음을 강조하며, '벌써/일찌감치 ~해 버렸다'의 의미이다.

❹ '不光……, 都……'는 '단지'라는 범위 부사를 이용한 구조로, '단지 ~만 아니라 모두 ~하다'라는 의미이다.

❺ 真巧는 '정말 공교롭다' 혹은 '때마침'이라는 의미로 회화에서 주로 쓰인다.

❻ '别看……'은 뒤에 하나의 상황을 먼저 제시하고, 그 뒤에 이어지는 글은 이와 상반된 의미를 나타낸다.

👄 발음 Tip!

❶ 有的人把收藏当成一种兴趣爱好，有的人把收藏当成一种投资에서 当은 '~라고 생각하다'의 의미로 4성이다.

❷ 早就当垃圾扔了啊!에서 当은 4성이다.

❸ 收集门票？처럼 의문을 나타내는 표지가 없는 의문문은 처음부터 음높이를 높여서 말해야 한다.

❹ 干吗？에서 吗는 실제 2성으로 길게 발음한다.

❺ 买错了就当是交了点儿学费에서 当은 4성이다.

说一说!

수집을 주제로 한 대화입니다. 내용을 생각하며 읽어 보세요.

MP3 05-03

崔智敏　　明浩，上次我们一起去故宫的门票你还留着吗？

朴明浩　　都什么时候的事儿了，早就当垃圾扔了❸啊！

韩雪　　　小敏，你要门票干吗？

高朋　　　她啊，有个挺特别的爱好，你们都不知道吧？

朴明浩　　收集门票？

崔智敏　　不光是门票，各个国家的邮票和电影票，我也都❹很感兴趣。

韩雪　　　真巧❺，高朋也是个收藏迷呢！

朴明浩　　难怪上次我在他家看到好多破破烂烂的瓷器呢！

高朋　　　你别看❻它们破，但是每一件古董都有自己的故事。

崔智敏　　高朋，你那些古董都是从哪儿买来的啊？

高朋　　　我啊，有时间就去古董市场转转，买错了就当是交了点儿
　　　　　学费，学了点儿知识。

韩雪　　　买对了的话，是不是也能小赚一笔啊？

高朋　　　哈哈，让你说对了。

본문에 나온 새 단어입니다. 글자, 한어병음, 뜻을 모두 익히세요.　MP3 05-04

□ **收藏** shōucáng 통 수집하다 명 수집

□ **当成** dàngchéng 통 ~로 여기다, ~로 삼다

□ **爱好** àihào 명 취미, 기호

□ **投资** tóuzī 명 투자 통 투자하다

□ **瓷器** cíqì 명 자기, 도자기

□ **字画** zìhuà 명 글씨와 그림

□ **眼力** yǎnlì 명 안목, 감별력

□ **耐心** nàixīn 명 인내심

□ **古董** gǔdǒng 명 골동품

□ **砍价** kǎnjià 통 가격을 깎다

□ **即使** jíshǐ 접 설령 ~하더라도

□ **真品** zhēnpǐn 명 진품

□ **仿品** fǎngpǐn 명 모조품

□ **留** liú 통 보관하다, 머무르다

□ **垃圾** lājī 명 쓰레기

□ **扔** rēng 통 버리다

□ **干吗** gànmá 대 왜, 어째서

□ **收集** shōují 통 수집하다 명 수집

□ **不光** bùguāng 접 ~뿐 아니라

□ **国家** guójiā 명 국가

□ **邮票** yóupiào 명 우표

□ **巧** qiǎo 형 공교롭다

□ **破烂** pòlàn 형 낡아 빠지다, 남루하다

□ **故事** gùshi 명 이야기

□ **交** jiāo 통 지불하다, 건네다

□ **学费** xuéfèi 명 학비

□ **知识** zhīshi 명 지식

□ **赚** zhuàn 통 (돈을) 벌다

□ **笔** bǐ 양 금액이나 돈에 관련된 단위

배워 봐요!

중급 단계에서 꼭 필요한 주요 문법입니다. 반복하여 학습하세요.

01 有的人把收藏当成一种兴趣爱好

- 일부 사람들은 이런 병을 병으로 생각하지 않아.
- 이곳에 온 후로, 그는 자신을 주인으로 생각해 왔어.
- 이런 물건을 상품으로 생각하고 파는 것은 불가능해.
- 많은 사람이 외국어를 배우는 것을 일종의 흥미나 취미로 생각해.

有些人不把这种病当成一种病。

来这儿以后，他把自己当成主人了。

把这种东西当成商品来卖是不可能的。

很多人把学外语当成一种兴趣爱好。

'把＋명사구＋当成＋명사구' 구조는 把 자문의 형식으로 '~을 ~으로 삼다/여기다'라는 의미이다.

02 外国游客即使买不到真品，也可以买个现代仿品回去做个纪念

- 설령 맛이 없더라도, 너는 다 먹어야 해.
- 설령 그 사람의 잘못이라고 해도, 너도 이렇게 해서는 안 돼.
- 설령 아무리 큰 어려움이 있더라도, 계속해 나가야 해.
- 설령 날씨가 좋지 않더라도, 원래 계획대로 진행해야 해.

即使不好吃，你也得吃完。

即使是他的错，你也不应该这样。

即使有再大的困难，也得坚持下去。

即使天气不好，也得按原计划进行。

'即使……, 也……' 구조는 가정과 양보의 뜻을 나타낸다. 앞뒤 두 부분으로 나누어져 관련 있는 두 가지 일을 가리키며, 앞부분은 가정의 상황을 주로 나타내고, 뒷부분은 결과나 결론이 이러한 상황의 영향을 받지 않음을 나타낸다. '설령 ~하더라도, ~하다'라는 의미이다.

단어 计划 jìhuà 명 계획

03 早就当垃圾扔了啊！

MP3 05-07

- 그녀는 일찌감치 선물을 다 사뒀어.
- 이 선생은 벌써 회사로 돌아갔어.
- 이 일은 내가 벌써부터 알았어.
- 오늘 숙제가 많지 않아서, 우리는 일찌감치 다 했어.

她早就买好礼物了。

李先生早就回公司了。

这件事我早就知道了。

今天的作业不多，我们早就做完了。

'早就……了' 구조는 사건의 발생이 지금과 비교할 때 이미 어느 정도의 시간이 지났음을 강조하며, '벌써/일찌감치 ~해버렸다'라는 의미이다.

04 不光是门票，各个国家的邮票、电影票，我都感兴趣

MP3 05-08

- 그 사람만이 아니라, 그들 반 친구 모두 참가하고 싶어 하지 않아.
- 주말만이 아니라, 평소에도 그 사람은 도서관에 가서 공부해.
- 한국 요리만이 아니라, 각 나라의 요리 모두 나는 맛보고 싶어.
- 중국인만이 아니라, 한국인, 미국인 모두 좋아해.

不光是他，他们班的同学也都不想参加。

不光是周末，平时他也都去图书馆学习。

不光是韩国菜，各个国家的菜我都想尝一尝。

不光是中国人，韩国人、美国人也都很喜欢。

'不光……, 都……' 구조는 범위를 한정하는 '단지'라는 범위 부사를 이용한 구조로, '단지 ~만 아니라 모두 ~하다'라는 의미이다.

학一学!

05 真巧，高朋也是个收藏迷呢!

🎧 MP3 05-09

- 정말 공교롭게도 나올 때 비가 그쳤어.
- 정말 신기해, 다음 달에 나도 베이징에 가려고 해.
- 정말 신기해, 어떻게 또 여기서 널 만나게 되었지?
- 내가 때맞춰 잘 왔네, 너희들 모두 여기에 있네.

真巧，出门的时候雨停了。
真巧，下个月我也要去北京呢。
真巧，怎么又在这儿见到你了?
我来得真巧，你们都在这儿呢。

真巧는 '정말 공교롭다' 혹은 '때마침'이라는 의미로 회화에서 주로 쓰인다.

06 你别看它们破

🎧 MP3 05-10

- 그 사람은 어리지만 포부는 정말 커.
- 이곳은 크지는 않지만 분위기는 엄청 좋아.
- 그 사람 키 작다고 얕보지 마, 농구 정말 잘해.
- 너 그 사람 어리다고 얕보지 마, 교육 경험은 엄청 많아.

别看他人小，志气可是很大呢。
别看这地方不大，但是气氛挺好。
别看他个子不高，但篮球打得不错。
你别看他年轻，教学经验还是很丰富的。

别看은 하나의 상황을 제시하고, 그 뒤에 이어지는 글은 이와 상반된 의미를 나타낸다.

단어 志气 zhìqì 명 포부, 패기

연습해 보요!

단어를 교체하며 문형을 익히는 연습입니다. 반복하여 읽어 보세요.

1 ① ② ③ ④ ⑤ 🎧 MP3 05-11

即使下大雨，也得去。

即使你不再年轻，也没有关系。

即使有再大的困难，也得坚持下去。

即使天气不好，也得按原计划进行。

설령 알아봤더라도, 모르는 척해야 해.

설령 시험을 못 쳤더라도, 힘들어하지 마.

설령 친구라 없어도, 심심하다고 느끼지 않아.

설령 고향을 떠났어도, 외롭다고 느끼지 않아.

2 ① ② ③ ④ ⑤ 🎧 MP3 05-12

他们早就回国了。

我们早就不想去了。

这件事我早就知道了。

今天的作业不多，我们早就做完了。

난 일찌감치 그에게 알려 줬어.

그 사람은 일찌감치 이 일을 잊었어.

나는 벌써 그 책을 그 사람에게 돌려줬어.

그 옷은 내가 일찌감치 다른 사람에게 줬어.

단어 孤独 gūdú 톙 고독하다 | 装作 zhuāngzuò 동 ~한 척하다

3 · 1 2 3 4 5 · 🎧 MP3 05-13

不光是周末，平时他也都去图书馆学习。

不光是足球，篮球和乒乓球我也很喜欢。

不光是他，他们班的同学也都不想去参加。

不光是苹果，香蕉、橘子这些水果我也很喜欢。

골동품 시장뿐만 아니라 야시장도 보러 가도 돼.

도서관뿐만 아니라 은행, 병원도 모두 9시에 문 열어.

나뿐만 아니라 그 사람들도 고수 먹는 것을 좋아하지 않아.

자기로 만든 잔뿐만 아니라, 자기 그릇, 자기 접시들도 그 사람은 관심이 있어.

4 · 1 2 3 4 5 · 🎧 MP3 05-14

别看这地方不大，但是气氛挺好。

别看这饭店不大，但菜特别好吃。

别看他个子不高，但篮球打得不错。

别看他平时不说话，上课发言可积极了。

이 휴대전화 싸다고 얕보지 마, 기능은 또 엄청 많아.

이 옷 색깔 좋지 않다고 무시하지 마, 입으면 엄청 편해.

그는 70살이 넘었지만, 그래도 열심히 영어를 배우는 중이야.

그 사람은 평소에 밥을 안 하기는 하지만, 그래도 몇 가지 요리는 정말 잘해.

단어 乒乓球 pīngpāngqiú 뗑 탁구(공) | 香蕉 xiāngjiāo 뗑 바나나 | 橘子 júzi 뗑 귤 | 香菜 xiāngcài 뗑 고수, 향채

단어 积极 jījí 뗑 적극적이다 뛩 적극적으로 | 功能 gōngnéng 뗑 기능

본문을 응용한 회화 연습입니다. 뜻을 생각하며 읽어 보세요. 🎧 MP3 05-15

1

A 听说你很喜欢收藏字画。
　　Tīngshuō nǐ hěn xǐhuan shōucáng zìhuà.

B 我是把它当成一种兴趣爱好。
　　Wǒ shì bǎ tā dàngchéng yì zhǒng xìngqù àihào.

2

A 你这件瓷器应该是真品吧?
　　Nǐ zhè jiàn cíqì yīnggāi shì zhēnpǐn ba?

B 哪里啊，你也太没眼力了吧!
　　Nǎlǐ a, nǐ yě tài méi yǎnlì le ba!

3

A 这个周末咱们一起去古董市场转转吧!
　　Zhège zhōumò zánmen yìqǐ qù gǔdǒng shìchǎng zhuànzhuan ba!

B 好啊，我也正好想去看看呢。
　　Hǎo a, wǒ yě zhènghǎo xiǎng qù kànkan ne.

4

A 这种破破烂烂的瓷器有收藏价值吗?
　　Zhè zhǒng pòpo lànlàn de cíqì yǒu shōucáng jiàzhí ma?

B 当然有了。每一件古董都有自己的故事呢。
　　Dāngrán yǒu le. Měi yí jiàn gǔdǒng dōu yǒu zìjǐ de gùshi ne.

○ 破破烂烂은 형용사로
破烂을 중첩한 형식입
니다.

예) 高兴 → 高高兴兴
　　干净 → 干干净净

🔲단어 价值 jiàzhí 명 가치

더 높이 날아 봐요! 更上一层楼!

골동품과 관련한 성어 표현입니다. 알맞은 상황에서 잘 활용해 보세요.

MP3 05-16

中国的古董市场越来越火了。
Zhōngguó de gǔdǒng shìchǎng
yuè lái yuè huǒ le.
중국의 골동품 시장이 갈수록 인기 있어.

买古玩，那可是需要好眼力啊。
Mǎi gǔwán, nà kěshì xūyào hǎo yǎnlì a.
골동품 사는 건 좋은 안목이 필요해.

我刚入行不久，眼力还不行。
Wǒ gāng rùháng bù jiǔ, yǎnlì hái bù xíng.
난 이 업종에 발 들인지 얼마 되지 않아서
안목은 아직 별로야.

有人会抬价的。
Yǒu rén huì táijià de.
가격을 올리는 사람도 있어.

无价之宝
Wújià zhī bǎo
매우 귀한 물건
(가격을 측정할 수 없는 보물)

收藏爱好者都很讲究与藏品的缘分。
Shōucáng àihàozhě dōu
hěn jiǎngjiū yǔ cángpǐn de yuánfèn.
수집애호가는 소장품과의 인연을
매우 소중하게 생각한다.

자주 활용할 수 있는 문장입니다. 100문장 암기를 목표로 외워 보세요.

 MP3 05-17

41 最近喜欢收藏的人越来越多了。

42 有的人把收藏当成一种兴趣爱好。

43 外国游客即使买不到真品，也可以买个现代仿品回去做个纪念。

44 上次我们一起去故宫的门票你还留着吗？

45 都什么时候的事儿了，早就当垃圾扔了啊！

46 不光是门票，各个国家的邮票和电影票，我都感兴趣。

47 真巧，高朋也是个收藏迷呢！

48 你别看它们破，但是每一件古董都有自己的故事。

49 买错了就当是交了点儿学费，学了点儿知识。

50 买对了的话，是不是也能小赚一笔啊？

벌써 50문장이 술술!

41	42	43	44	45	46	47	48	49	50
✓									

拍卖问答 예술품 경매는 어떤 절차로 이루어지나요?

第一步骤: 首先得把您的藏品带到拍卖公司，请专家鉴定评估。如果藏家觉得专家评估的价格低于您的心理价位，您可以适当抬高起拍价，然后另外设置一个保留价。

먼저 가지고 있는 소장품을 경매 회사에 가져가서 전문가의 감정을 거친다. 소장자가 감정 가격이 본인이 생각하는 가격보다 낮다고 생각되면 적절히 가격을 높이며, 그 후에 거래 하한가를 설정한다.

第二步骤: 签订合同。

소장자와 경매 회사 간의 계약서를 작성한다.

第三步骤: 拍卖公告与展示。

경매를 공지하고 소장품을 전시한다.

第四步骤: 审查竞买人资格。

경매에 참여를 신청한 사람들의 자격을 심사한다.

第五步骤: 交付竞买保证金。

경매에 참여하는 사람은 보증금을 지불한다.

第六步骤: 召开拍卖会。

경매를 실시한다.

第七步骤: 签署拍卖成交确认书。

경매 성사 확인서에 서명한다.

第八步骤: 拍卖标的藏品转移。

경매 물건을 이전한다.

01~05

复习1

- 핵심 문형　○ 说一说　○ 听一听
- 读一读　○ 写一写

01

A : 今年春节，你们家的团圆饭打算怎么吃啊？

B : 我们家啊，今年想去餐厅订个"年夜饭"。

A : 哇，真是个好办法啊！在韩国，春节那几天，餐厅的老板全都回家过年去了，想找个吃饭的地方都不容易呢。

B : 是啊，更别说吃"年夜饭"了！

02

A : 学了一整天了，你们想不想跟我一起去吃个夜宵啊？

B : 夜宵？我现在一点儿也不饿啊。

A : 中国的夜宵都是一些小吃，主要是去解解馋。

B : 就是啊，那夜市里的小吃啊，种类可多了，值得一去！

03

A : 听说你下星期要去参加面试，准备得怎么样了？

B : 准备得差不多了，就是穿什么衣服还没想好呢。

A : 公司有什么特别的要求吗？

B : 这是一家跟IT行业有关的公司，可能会比较注重个性。

04

A : 你说的那家四合院到底在哪条胡同里啊？

B : 一直往东走，到第三个路口往北一拐就是了。

A : 什么东啊南啊西啊北的，我分不清楚。你们北京人啊，指路很少说左或右，就喜欢说东南西北。

B : 这你就不懂了，北京从南到北有一条中轴线，故宫就在这条中轴线的中心位置，整个城市东西南北分得可清楚了。

05

A : 上次我们一起去故宫的门票你还留着吗？

B : 都什么时候的事儿了，早就当垃圾扔了啊！

A : 你要门票干吗？

B : 我有个挺特别的爱好，你不知道吧？

다음 그림을 보고 상황에 어울리게 대화를 만들어 보세요.

1.

A : _____
B : _____
A : _____
B : _____

2.

A : _____
B : _____
A : _____
B : _____

3.

A : _____
B : _____
A : _____
B : _____

4.

A : _____
B : _____
A : _____
B : _____

5.

A : _____
B : _____
A : _____
B : _____

녹음을 들은 후, (1)의 질문에 맞으면 O, 틀리면 X를, (2)의 질문에 알맞은 답을 고르고, (3)의 질문에 중국어로 답하세요.

 MP3 f01-02

1. (1) 判断对错：女的打算回家乡过年。 （ ）

   (2) 男的为什么不回家过年？ （ ）

   A老家太远　B不想回家　C公司要加班　D要给长辈拜年

   (3) 问：男的为什么羡慕女的？

   答： _____

   단어 加班 jiābān 图 초과근무하다, 야근하다 | 羡慕 xiànmù 图 부러워하다

2. (1) 判断对错：女的现在一点儿不饿。 （ ）

   (2) 根据短文内容，选出不正确的一项： （ ）

   A女的晚饭没吃饱　　　　　　B夜市里不卖宫廷小吃
   C女的想尝尝各种风味的小吃　　D男的想带女的去尝宫廷小吃

   (3) 问：女的想不想去吃夜宵？为什么？

   答： _____

3. (1) 判断对错：女的想买一条连衣裙。 （ ）

   (2) 女的觉得这条连衣裙怎么样？ （ ）

   A太花　B没收腰　C简单大方　D价格便宜

   (3) 问：女的觉得这套西装适合去参加面试吗？为什么？

   答： _____

4. (1) 判断对错：北京的胡同男的以前去过一次。 （　　）

  (2) 他们打算什么时候去胡同转转？ （　　）

   A 这周　B 明天　C 下周周末　D 这周周末

  (3) 问：女的觉得胡同要怎么转才有意思？

   答：＿＿＿＿＿＿＿＿＿＿＿＿＿＿＿＿＿＿

5. (1) 判断对错：男的有时间就去古董市场转转。 （　　）

  (2) 男的觉得＿＿＿＿＿的话，也能买对一两件好东西：（　　）

   A 有时间　B 运气好　C 交学费　D 喜欢收藏

  (3) 问：男的把收藏当成什么？

   答：＿＿＿＿＿＿＿＿＿＿＿＿＿＿＿＿＿＿

다음 글을 읽고 해석해 보세요.

1.   对中国人来说，春节是一年中一个很重要的传统节日，对韩国人来说也是。不过跟中国的"年夜饭"比起来，韩国人更重视大年初一的早饭。有很多韩国家庭会在大年初一早上祭祀，也有很多中国家庭会在除夕夜守岁。很多韩国的主妇和孩子为了庆祝春节，还会穿上韩国的传统韩服。中国的年轻人，最近过年的时候，很少穿传统的旗袍，不过改良的旗袍却越来越受欢迎。两个国家过春节，虽然有不同的习俗，不过孩子们给长辈拜年的时候，长辈对晚辈说一些吉利的话，给晚辈发压岁钱的习俗却是相同的。

2.   上个周末，我跟朋友一起去逛了一下北京的胡同。真没想到在现代的北京城还保留了那么多胡同。走到胡同深处，还发现了一个挺大的四合院。踩人力三轮车的师傅告诉我们，因为四面建有房屋，而且房屋从四面将庭院合围在中间，所以才叫"四合院"。我们参观的那家四合院十分有名，据说已经有几百年的历史了。从胡同出来以后我们还发现了一个挺好玩儿的古董市场，里面卖各种稀奇古怪的古玩儿。我爸爸最大的爱好就是收藏瓷器，所以我还给爸爸买了一个纪念品呢。

단어 家庭 jiātíng 몡 가정 | 祭祀 jìsì 몡동 제사 (지내다) | 除夕 chúxī 몡 섣달그믐 | 守岁 shǒusuì 동 까치설을 쇠다 | 庆祝 qìngzhù 동 축하하다 | 习俗 xísú 몡 풍습 | 晚辈 wǎnbèi 몡 후배, 손아랫사람 | 保留 bǎoliú 동 보존하다, 유지하다 | 踩 cǎi 동 밟다 | 师傅 shīfu 몡 선생, 소속 분야 전문가 | 四面 sìmiàn 몡 사방, 사면 | 庭院 tíngyuàn 몡 정원, 뜰 | 合围 héwéi 동 둘러싸다 | 稀奇古怪 xīqí gǔguài 졩 매우 진기하다, 기괴하다

写一写

다음 문장을 중국어와 한어병음으로 쓰세요.

1. 중국인으로 말하자면, 이것은 중요한 명절이야.

   ⓒ .... ⓟ ....

2. 어떤 일을 하든 열심히 해야만 해.

   ⓒ .... ⓟ ....

3. 만약 '섣달그믐 밤'에 맞춰서 못 오면 모두 엄청 서운할 거야.

   ⓒ .... ⓟ ....

4. 요즘은 '설 분위기'도 예전만큼 그렇게 물씬 풍기지는 않아.

   ⓒ .... ⓟ ....

5. 나 지금 조금도 배고프지 않아.

   ⓒ .... ⓟ ....

6. 중국 야식은 모두 스낵류 먹거리인데, 주로 입이 심심한 것만 없애 주는 거야.

   ⓒ .... ⓟ ....

7. 그 야시장의 먹거리는 종류가 엄청 많아서 한번 가 볼 만해!

   ⓒ .... ⓟ ....

8. 이렇게 맛있는 게 많은데 어떻게 안 갈 수 있겠어!

   ⓒ .... ⓟ ....

9. 거의 다 준비했는데, 어떤 옷을 입어야 할지만 아직 생각 못 했어.

   ⓒ .... ⓟ ....

10. 어떻게 그래?

    ⓒ .... ⓟ ....

11. 그건 그렇지.

    Ⓒ _____   Ⓟ _____

12. 그럼 내가 너 데리고 개량 치파오 보러 가 줄게, 너 틀림없이 좋아할 거야.

    Ⓒ _____   Ⓟ _____

13. 예를 들어 말하자면, 어떤 후퉁은 매우 좁다.

    Ⓒ _____   Ⓟ _____

14. 첸스후퉁은 너비가 40센티미터밖에 되지 않는다.

    Ⓒ _____   Ⓟ _____

15. 동쪽으로 쭉 걸어가다 세 번째 길목에서 북쪽으로 돌면 바로야.

    Ⓒ _____   Ⓟ _____

16. 나 그 사합원 또 정말 찾을 수가 없게 되었어!

    Ⓒ _____   Ⓟ _____

17. 언제 일이라고, 쓰레기라고 생각해서 벌써 버렸지!

    Ⓒ _____   Ⓟ _____

18. 입장권뿐만 아니라 각 나라의 우표와 영화표도 난 모두 관심이 있어.

    Ⓒ _____   Ⓟ _____

19. 정말 신기하다, 그 사람도 수집광이야!

    Ⓒ _____   Ⓟ _____

20. 너 그것들이 낡았다고 얕보지 마, 골동품마다 모두 자기만의 이야기가 있어.

    Ⓒ _____   Ⓟ _____

06

数字和颜色

○ 학습 목표　숫자와 색상에 관련된 문화를 이해하고 다양한 표현을 활용할 수 있다.
○ 학습 내용　1. 숫자와 색상 관련 문화　2. 哪怕……也……

天长地久
영원히 변치 않다

礼服
예복

福字
복(福) 자

车牌号
차 번호판

생각해 봐요!

다음 상황을 중국어로 생각해 보세요.

한쉐

가오펑, 너 휴대전화 바꿨다며? 전화번호도 바꿨어?

가오펑

응, 이번에 나 정말 좋은 번호로 바꿨어!

최지민

휴대전화 번호도 좋고 나쁨이 있어?

박명호

중국인은 특히 '4'는 좋아하지 않고, '8'은 정말 좋아한다고 들었어.

가오펑

맞아, 사람들은 자동차 번호와 휴대전화 번호를 고를 때 '4'는 피해.

한쉐

그럼 너 도대체 무슨 번호로 바꾼 거야? '8888'?

가오펑

앞의 것은 안 바꿨고, 끝자리 수는 '8899'야. 어때? 괜찮지?

박명호

원래 '9'도 중국인이 좋아하는 숫자구나.

한쉐

'9'와 '久'가 해음이어서, 영원히 변하지 않는 거야! 앞으로 여자 친구에게 장미꽃 살 기회가 있으면 반드시 9송이나 99송이를 선물해!

최지민

그럼 999송이를 선물하는 사람도 있는 거야?

한쉐

그럼, 설령 좀 비싸더라도, 돈을 써서 좋은 함축된 의미를 사는 거지!

최지민

이전에는 숫자가 그저 하나의 부호라고만 생각했는데, 또 이렇게 많은 숨은 의미가 있을 줄 몰랐어.

가오펑

사실 사람마다 자기가 좋아하는 숫자가 있어. 왜냐하면 이 특정한 숫자가 틀림없이 자신에게 행운을 가져다 줄 거라고 생각하기 때문이야.

○ 중국인들은 숫자에도 좋고 나쁨이 있다고 생각하는데, 특히 6, 8, 9 등의 숫자를 좋아합니다. 또 요즘에는 SNS에서 숫자로 간단한 의미를 표현하기도 합니다. 중국인들이 붉은색을 좋아하는 것도 잘 알려져 있는데요. 어떤 이유 때문인지는 본문을 통해서 공부해 보세요.

본문 ① 읽어 보기

이 과의 주제와 관련된 내용의 평서문입니다. 뜻을 생각하며 읽어 보세요.

🎧 MP3 06-02

　　中国人认为红色是一种很喜庆的颜色，所以有好事的时候，都会使用红色。比如说，每到❶过年的时候，人们都会在家里贴上红色的"福"字；结婚的时候，新郎和新娘会穿上红色的礼服；送礼时，很多中国人会选用红色的包装纸。如果一个中国人穿了一件红色的衣服，大家一般都会说："你今天穿得这么喜庆，是不是有什么好事情啊？"现在你知道中国人为什么喜欢红色了吧？

🔑 문법 Tip!

❶ 每는 동일한 동작이 규칙적으로 반복 출현하는 것을 나타내는 부사로 뒤에 到가 오면 수사가 오지 않으며 '~할 때마다'의 의미이다.
❷ 回는 '번'이나 '회'를 나타내는 양사이다.
❸ 哪怕는 가정과 양보를 나타내며 뒤에 也, 都, 还 등이 자주 호응하고, '설령 ~하더라도'의 의미이다.
❹ '就是＋명사' 구조는 범위를 확정하여 다른 것은 배제하는 것으로 '단지, 오직, ~만' 의 의미이다.
❺ 其实는 말하는 상황이 진실하다는 것을 나타내며, '사실은', '실제로는' 의 의미이다.
❻ '동사＋来'에서 来는 동작이 화자가 위치한 방향으로 향하는 것을 나타낸다.

👄 발음 Tip!

❶ "8888"？처럼 의문을 나타내는 표지가 없는 의문문은 처음부터 음높이를 높여서 말해야 한다.
❷ 原来"九"也是中国人喜欢的数字啊에서 九也는 3성이 연이어 출현하기 때문에 2성 3성으로 발음한다.

본문 ② 대화하기

숫자를 주제로 한 대화입니다. 내용을 생각하며 읽어 보세요.

🎧 MP3 06-03

韩雪	高朋，听说你换手机了？手机号也换了吗？
高朋	是啊，这回^❷我可换了个好号码！
崔智敏	手机号码还有好坏啊？
朴明浩	听说中国人特别不喜欢"四"，特别喜欢"八"。
高朋	没错，人们挑选车牌号和手机号的时候都会避开"四"。
韩雪	那你到底换了个什么手机号啊？"8888"？
高朋	前面的没变，尾数是"8899"。怎么样？不错吧？
朴明浩	原来"九"也是中国人喜欢的数字啊。
韩雪	"九"和"久"谐音，天长地久啊！以后有机会给女朋友买玫瑰花的话，一定要送9朵或99朵哦！
崔智敏	那是不是还有人送999朵啊？
韩雪	是啊，哪怕^❸贵点儿，花钱买个好寓意啊！
崔智敏	以前觉得数字就是^❹一个符号，没想到还有这么多讲究。
高朋	其实^❺每个人都有自己喜欢的数字，因为人们相信这些特定的数字，能给自己带来^❻好运。

본문에 나온 새 단어입니다. 글자, 한어병음, 뜻을 모두 익히세요.

MP3 06-04

□ **认为** rènwéi 통 ~라고 여기다

□ **红色** hóngsè 명 빨강, 붉은색

□ **喜庆** xǐqìng 형 경사스럽다

□ **颜色** yánsè 명 색깔

□ **使用** shǐyòng 통 사용하다

□ **贴** tiē 통 붙이다

□ **礼服** lǐfú 명 예복

□ **选用** xuǎnyòng 통 선택해서 사용하다

□ **包装** bāozhuāng 명 포장 통 포장하다

□ **纸** zhǐ 명 종이

□ **事情** shìqing 명 일

□ **回** huí 양 번, 회

□ **号码** hàomǎ 명 번호, 숫자

□ **好坏** hǎohuài 명 좋고 나쁨

□ **挑选** tiāoxuǎn 통 고르다, 선택하다

□ **车牌** chēpái 명 자동차 번호판

□ **避开** bìkāi 통 피하다

□ **尾数** wěishù 명 끝자리 수

□ **数字** shùzì 명 숫자

□ **久** jiǔ 형 오래다

□ **谐音** xiéyīn 통 해음이다, 한자가 같거나 비슷한 소리가 난다

□ **天长地久** tiāncháng-dìjiǔ 성 하늘과 땅이 존재한 시간만큼 길다, 영원히 변치 않다

□ **玫瑰** méigui 명 장미

□ **朵** duǒ 양 송이

□ **哪怕** nǎpà 접 설령, 비록

□ **寓意** yùyì 명 속뜻, 함축된 의미

□ **符号** fúhào 명 부호

□ **讲究** jiǎngjiu 명 (숨은) 의미 통 중히 여기다

□ **特定** tèdìng 형 특정하다

□ **好运** hǎoyùn 명 행운

배워 보아요!

学一学!

중급 단계에서 꼭 필요한 주요 문법입니다. 반복하여 학습하세요.

01 每到过年的时候，人们都会在家里贴上红色的"福"字

MP3 06-05

• 이맘때만 되면 나는 집 생각이 나.	每到这个时候，我就会想家。
• 음력설만 되면 기차표를 사기 어려워.	每到春节，火车票就很难买。
• 이 계절만 되면 나는 항상 감기에 걸려.	每到这个季节，我都会感冒。
• 내 생일만 되면 엄마가 나에게 케이크를 사주셔.	每到我过生日的时候，妈妈都会给我买蛋糕。

每는 동일한 동작이 규칙적으로 반복 출현하는 것을 나타내는 부사로, 뒤에 到가 오면 수사가 오지 않으며 이때 每到는 '〜할 때마다'의 의미이다.

[단어] 季节 jìjié 몡 계절

02 这回我可换了个好号码!

• 다음 번에 내가 한턱낼게!	下回我请你!
• 이번에 너 정말 조심해야 해!	这回你可要小心了!
• 이번에 정말 그 사람을 용서해서는 안 돼.	这回我可不能原谅他。
• 이번에 중국 가면 난 반드시 며칠 더 놀 거야.	这回去中国，我一定要多玩儿几天。

回는 '번'이나 '회'를 나타내는 양사로, 양사 次와 의미가 매우 유사하나, 격식을 차리는 자리나 서면어에 더 자주 쓰이는 경향이 있다.

[단어] 原谅 yuánliàng 동 용서하다

03 哪怕贵点儿，花钱买个好寓意啊！
🎧 MP3 06-07

- 설령 맛이 없더라도, 다 먹어야 해.
- 설령 좋아하지 않더라도 체면을 봐서 받아줘.
- 설령 아무리 저렴해도 필요하지 않으면 사지마.
- 설령 날씨가 좋지 않더라도, 도서관에 가려고 해.

哪怕不好吃，也要吃完。

哪怕不喜欢，给个面子收下吧。

哪怕再便宜，不需要的话就不要买。

哪怕天气不好，也要去图书馆。

哪怕는 가정과 양보를 나타내는데 뒤에 也, 都, 还 등이 자주 호응하며 '설령 ～하더라도'의 의미이다.

단어 再 zài 🖳 아무리

04 以前觉得数字就是一个符号
🎧 MP3 06-08

- 그 사람은 그저 나의 보통 친구야.
- 이것은 단지 간단한 중국어 책이야.
- 그저 수시 시험 한 번인데, 너무 걱정할 필요 없어.
- 그저 취미일 뿐 얼마 못 벌어.

他就是我的一个普通朋友。

这就是一本很简单的汉语书。

就是一次小考，不用太担心。

就是一个兴趣爱好，赚不了多少钱。

'就是＋명사' 구조는 就是 뒤에 오는 내용으로 범위를 확정하고 다른 것은 배제함을 나타낸다. 이때 就是는 '단지, 오직, ～만' 등의 의미를 가진다.

단어 小考 xiǎokǎo 🖳 수시 시험, 쪽지 시험, 테스트

05 其实每个人都有自己喜欢的数字 🎧 MP3 06-09

• 사실 그 사람은 여행을 좋아하지 않아.	其实他不喜欢旅行。
• 사실 나 정말 그 사람에게 알려 준 적이 없어.	其实我真的没告诉过他。
• 사실 그는 일찌감치 이 일을 알고 있었어.	其实他早就知道这件事了。
• 사실 나는 이것이 조금도 중요하지 않다고 생각해.	其实我觉得这个一点儿都不重要。

其实는 말하는 상황이 진실하다는 것을 나타내며, 동사의 앞이나 주어의 앞에 위치한다. '사실은', '실제로는' 등의 의미이다.

06 能给自己带来好运 🎧 MP3 06-10

• 이것은 엄마가 보내온 문자야.	这是妈妈发来的短信。
• 이것은 그 사람한테 달라고 해서 가지고 온 약이야.	这是我从他那儿要来的药。
• 그 사람이 과일 좀 사 왔으니까 같이 먹자.	他买来了一些水果，一起吃吧。
• 내가 소설책 몇 권 가지고 왔으니까 너 편하게 좀 봐.	我带来了几本小说，你随便看看。

'동사＋来'에서 来는 동작이 화자가 위치한 방향으로 향하는 것을 나타낸다.

연습해 봐요!

단어를 교체하며 문형을 익히는 연습입니다. 반복하여 읽어 보세요.

1 ☶ 1 2 3 4 5 🎧 MP3 06-11

每到春天，我都会去看花。

每到这个时候，我就会想家。

每到春节，火车票就很难买。

每到一个城市，他都会买一张书签。

월말만 되면, 나는 바빠.

비 내리는 날이면, 나는 항상 영화 보러 가고 싶어.

주말만 되면, 그 사람들은 모두 함께 산책하러 가.

이 날만 되면, 그 사람은 항상 나에게 전화를 걸어.

2 ☶ 1 2 3 4 5 🎧 MP3 06-12

哪怕再累，也要做完。

哪怕你不想去，也别说出来。

哪怕再贵，先买下来再说吧。

哪怕不喜欢，给个面子收下吧。

설령 아무리 어려워도 계속 배워야 해.

설령 재미가 없더라도 너 우선 좀 들어 봐.

설령 아무리 저렴다하더라도 나는 사지 않을 거야.

설령 걸어가더라도 그 사람 차는 타고 싶지 않아.

單어 书签 shūqiān 명 책갈피

3 ⟩⟩⟩ 1 2 3 4 5 🎧 MP3 06-13

其实他不喜欢旅行。

其实他俩已经分手了。

其实他很不喜欢那个颜色。

其实他早就知道这件事了。

사실 이 휴대전화는 비싸.

사실 나는 중국 친구가 없어.

사실 나는 매운 것을 먹을 수 없어.

사실 우리 집은 여기에서 엄청 가까워.

4 ⟩⟩⟩ 1 2 3 4 5 🎧 MP3 06-14

他拿来了几本很有意思的书。

这本书是我从图书馆借来的。

他买来了一些水果，一起吃吧。

我带来了几本小说，你随便看看。

이것은 엄마가 부쳐 온 선물이야.

그 사람이 의자 하나를 옮겨 왔어.

다음번에 너는 카메라 가지고 와.

이것은 내가 그 사람한테 달라고 해서 가지고 온 책이야.

단어 分手 fēnshǒu 동 헤어지다

你问我答!

본문을 응용한 회화 연습입니다. 뜻을 생각하며 읽어 보세요. **MP3 06-15**

1

A 听说韩国人都很喜欢白色，是吗？
Tīngshuō Hánguó rén dōu hěn xǐhuan báisè, shì ma?

B 是啊，因为韩国人觉得白色是一种很神圣的颜色。
Shì a, yīnwèi Hánguó rén juéde báisè shì yì zhǒng hěn shénshèng de yánsè.

> 'A是一种很……'은 어떤 것을 묘사할 때 자주 사용하는 패턴이므로 잘 익혀 두기 바랍니다.
> 예 红色是一种很喜庆的颜色。
> 这是一种很好吃的面食。

2

A 5月20号那天为什么那么多人送花啊？
Wǔ yuè èrshí hào nèi tiān wèi shénme nàme duō rén sòng huā a?

B 因为现在的年轻人觉得"520"能代表"我爱你"。
Yīnwèi xiànzài de niánqīng rén juéde "wǔ èr líng" néng dàibiǎo "wǒ ài nǐ".

3

A 你最喜欢哪个数字？
Nǐ zuì xǐhuan nǎge shùzì?

B "6"。因为我的生日是6号。
"Liù". Yīnwèi wǒ de shēngrì shì liù hào.

4

A 你为什么喜欢数字"7"？
Nǐ wèi shénme xǐhuan shùzì "qī"?

B 因为我觉得这个数字能给我带来好运。
Yīnwèi wǒ juéde zhège shùzì néng gěi wǒ dàilái hǎoyùn.

> 조동사 能의 위치에 주의하세요.

단어 神圣 shénshèng 혱 신성하다

더 높이 날아 봐요! 更上一层楼!

숫자나 색깔과 관련한 성어 표현입니다. 알맞은 상황에서 잘 활용해 보세요. 🎧 MP3 06-16

大伙儿红红火火过新年!
Dàhuǒr hónghong huǒhuǒ guò xīnnián!
다 같이 활기차게 새해를 맞이합시다!

遇上红白喜事，都要凑份子钱。
Yùshàng hóngbái xǐshì, dōu yào còu fènzi qián.
결혼식과 장례식이 되면 돈을 좀 모아야 해.

世界上哪有十全十美的事情啊?
Shìjiè shang nǎ yǒu shíquán-shíměi de shìqing a?
세상에 어디 완전무결한 것이 있어?

这点钱对他来说，不过是九牛一毛。
Zhè diǎn qián duì tā lái shuō, búguò shì jiǔniú-yìmáo.
이 돈은 그 사람한테는 별것 아니야.

我心里七上八下的，可紧张了。
Wǒ xīnlǐ qīshàng-bāxià de, kě jǐnzhāng le.
나 안절부절 엄청 긴장하고 있어.

这白纸黑字，写得清清楚楚的，你不用多说了。
Zhè báizhǐ-hēizì, xiě de qīngqing chǔchǔ de, nǐ búyòng duō shuō le.
이것은 정말 분명해, 분명하게 썼으니까 너 더 얘기할 필요도 없어.

背一背!

자주 활용할 수 있는 문장입니다. 100문장 암기를 목표로 외워 보세요.

🎧 MP3 06-17

51 中国人认为红色是一种很喜庆的颜色。

52 每到过年的时候，人们都会在家里贴上红色的"福"字。

53 这回我可换了个好号码！

54 人们挑选车牌号和手机号的时候都会避开"四"。

55 那你到底换了个什么手机号啊？

56 "九"和"久"谐音，天长地久啊！

57 哪怕贵点儿，花钱买个好寓意啊！

58 以前觉得数字就是一个符号。

59 其实每个人都有自己喜欢的数字。

60 因为人们相信这些特定的数字，能给自己带来好运。

벌써 60문장이 술술!

| 51 | 52 | 53 | 54 | 55 | 56 | 57 | 58 | 59 | 60 |
| ✓ | | | | | | | | | |

数字语言 숫자 언어

246	**饿死了** èsǐ le	배고파 죽겠어
3399	**长长久久** chángchang jiǔjiǔ	영원히
39	**Thank you**	고마워
505	**SOS**	도와줘
520	**我爱你** wǒ ài nǐ	나 너를 사랑해
6699	**顺顺利利** shùnshun lìlì	순조로워
837	**别生气** bié shēngqì	화내지 마
88	**Bye bye**	안녕
898	**分手吧** fēnshǒu ba	헤어지자
95	**救我** jiù wǒ	구해 줘
5460	**我思念你** wǒ sīniàn nǐ	나 너 보고 싶어

07

MP3 07-01

十二生肖

○ 학습 목표   12지와 띠에 관련된 문화를 이해하고 다양한 표현을 활용할 수 있다.

○ 학습 내용   **1.** 12지와 띠 관련 문화   **2.** 用……来……

猪 돼지

鼠 쥐

子

牛 소

亥

丑

狗 개

虎 호랑이

戌

寅

十二生肖 12지

鸡 닭

兔 토끼

酉

卯

辰

申

龙 용

猴 원숭이

未

午

巳

巳

羊 양

马 말

蛇 뱀

생각해 봐요!

想一想!

다음 상황을 중국어로 생각해 보세요.

최지민
한쉐, 이 목걸이 정말 예뻐, 작은 돼지네!

한쉐
응, 올해가 돼지해고, 내가 또 돼지띠여서, 엄마가 나한테 붉은 줄로 된 "작은 돼지 목걸이"를 사주셨어.

가오펑
올해가 네 띠의 해구나!

박명호
12지가 12년마다 돌아오니까 그럼 너 올해 24살이지?

한쉐
맞아. 명호야 너는 무슨 띠야?

박명호
난 너보다 한 살 적어, 쥐띠야.

가오펑
돼지가 12지 중 가장 마지막 순서야! 많은 사람들이 '돼지띠'가 복이 있는 띠라고 생각해.

한쉐
'돼지' 외에 '용'도 12지 중 유일한 전설 속 동물이어서 '용띠 아기'를 낳고 싶어 하는 엄마들도 많이 있어.

박명호
로마에 가면 로마법을 따라야 하니까 내년에 나도 목걸이 하나 사서 내 띠 해를 보낼까 봐. 하하.

○ 중국인들은 12지와 띠에 관련된 다양한 문화를 갖고 있습니다. 한국의 띠에 관한 문화와 어떤 차이가 있는지 생각하며 공부해 보세요.

본문 ① 읽어 보기

이 과의 주제와 관련된 내용의 평서문입니다. 뜻을 생각하며 읽어 보세요.　🎧 MP3 07-02

　　中国人喜欢用十二种生肖动物来❶标记年份。这十二种动物是：鼠、牛、虎、兔、龙、蛇、马、羊、猴、鸡、狗、猪。我们出生年份的生肖动物就是我们的属相。所以如果你想知道对方的年纪，也可以委婉地问"你是属什么的?"。如果你属狗，而今年又正好是狗年的话，那么今年就是你的"本命年"。很多人"本命年"时，还会收到一些像"红内裤"、"红绳子"之类❷比较特别的礼物。

🔑 문법 Tip!

❶ '用……来'는 동작이 기반하는 도구, 방식 혹은 수단으로 어떤 일을 하는 것을 나타내며, '～으로 ～하다'의 의미이다.

❷ '……之类'는 '～의 종류'의 의미이다.

❸ '주어+是+동사구+的'는 어떤 사람이나 사물을 분류하는 것을 나타내며 '～하는 사람이다' 혹은 '～하는 사물이다'의 의미이다.

❹ 명사가 술어가 되는 문장을 명사술어문이라고 하는데 이때 명사는 주로 나이, 출신 지역, 용모, 숫자, 수량사 등이다.

❺ 'A+比+B+구체적인 내용'은 비교문 형식으로 구체적인 내용은 반드시 B의 뒤에 제시한다.

❻ 要不는 일종의 가설로 선택할 여지를 제공하며, '～할까 봐' 혹은 '～하지 뭐' 등의 의미이다.

👄 발음 Tip!

❶ 项链儿의 표기는 xiàngliànr이지만 실제 xiàngliǎr로 발음한다.

❷ 要不明年我也去买条项链过本命年吧의 要不에서 不는 약하게 발음한다.

본문 ② 대화하기

띠를 주제로 한 대화입니다. 뜻을 생각하며 읽어 보세요.

🎧 MP3 07-03

崔智敏　小雪，你这条项链儿真漂亮，是一只小猪呢！

韩雪　是啊，今年是猪年，我又是属猪的[3]，所以妈妈给我买了一条红绳子的"小猪项链"。

高朋　原来今年是你的本命年啊！

朴明浩　十二生肖，十二年一个轮回[4]，那你今年是二十四岁吧？

韩雪　对啊。明浩，你的属相是什么啊？

朴明浩　我比你小一岁[5]，属鼠。

高朋　猪在十二生肖中排最后一位，很多人都觉得"猪"是个有福气的属相呢。

韩雪　除了"猪"以外，"龙"也是十二生肖中唯一一个传说中的动物，所以也有很多妈妈想生个"龙宝宝"呢。

朴明浩　入乡随俗，要不[6]明年我也去买条项链儿过本命年吧，哈哈。

본문에 나온 새 단어입니다. 글자, 한어병음, 뜻을 모두 익히세요.

🎧 MP3 07-04

□ **生肖** shēngxiào 명 사람의 띠

□ **动物** dòngwù 명 동물

□ **标记** biāojì 동 표시하다, 나타내다

□ **年份** niánfèn 명 연도

□ **鼠** shǔ 명 쥐

□ **牛** niú 명 소

□ **虎** hǔ 명 호랑이

□ **兔** tù 명 토끼

□ **龙** lóng 명 용

□ **蛇** shé 명 뱀

□ **马** mǎ 명 말

□ **羊** yáng 명 양

□ **猴** hóu 명 원숭이

□ **鸡** jī 명 닭

□ **狗** gǒu 명 개

□ **猪** zhū 명 돼지

□ **出生** chūshēng 동 출생하다

□ **属相** shǔxiang 명 띠

□ **对方** duìfāng 명 상대방

□ **年纪** niánjì 명 연령, 나이

□ **委婉** wěiwǎn 형 완곡하다

□ **属** shǔ 동 ~띠이다

□ **本命年** běnmìngnián 명 자기 띠의 해, 본인이 출생한 해의 띠와 같은 해

□ **内裤** nèikù 명 팬티

□ **绳子** shéngzi 명 끈, 줄

□ **之** zhī 조 ~의

□ **类** lèi 명 종류

□ **项链儿** xiàngliànr 명 목걸이

□ **轮回** lúnhuí 명동 순환(하다), 윤회(하다)

□ **排** pái 동 줄 서다

□ **宝宝** bǎobao 명 아기, 귀염둥이

□ **福气** fúqi 명 복

□ **唯一** wéiyī 형 유일한

□ **生** shēng 동 낳다, 생기다

□ **入乡随俗** rùxiāng-suísú 성 그 고장에 가면 그 고장의 풍습을 따라야 한다, 로마에 가면 로마법을 따라야 한다

□ **要不** yàobù 접 그렇지 않으면, ~하든지

□ **传说** chuánshuō 명 전설

중급 단계에서 꼭 필요한 주요 문법입니다. 반복하여 학습하세요.

01 中国人喜欢用十二种生肖动物来标记年份 🎧 MP3 07-05

- 이 일은 돈으로 계산할 수 없어.
- 나는 이 방법으로 그 사람을 가르칠 생각이야.
- 그 사람은 영어로 모두에게 소개하고 싶어 해.
- 이 물건들은 언어로 표현할 수 없어.

这件事情不能用钱来计算。

我打算用这个方法来教他。

他想用英语来给大家介绍一下。

这些东西是不能用语言来表达的。

'用……来……' 구조는 用 뒤에 오는 명사가 来 뒤에 오는 동작의 기반하는 도구, 방식 혹은 수단으로 어떤 일을 하는 것을 나타내며, '~으로 ~하다'의 의미이다.

단어 计算 jìsuàn 圖 계산하다 | 语言 yǔyán 圖 언어 | 表达 biǎodá 圖 표현하다

02 还会收到一些像"红内裤"、"红绳子"之类比较特别的礼物 🎧 MP3 07-06

- 너는 역사, 문화 종류의 책을 좀 더 많이 봐야 해.
- 너는 사과, 수박과 같은 종류의 과일을 좀 먹어야 해.
- 돼지, 용 같은 종류의 띠는 모두 중국인들이 좋아 하는 띠야.
- 여행할 때는 돈, 은행 카드, 여권 같은 종류의 것을 모두 잘 챙겨야 해.

你应该多看点儿历史、文化之类的书。

你可以吃点儿像苹果、西瓜之类的水果。

像猪啊龙啊之类的属相都是中国人喜欢的属相。

旅行时，像钱啊银行卡啊护照之类的，都要带好。

'……之类' 구조에서 之는 고대 중국어에서 이어져 온 구조조사로, 대체로 현대중국어의 的와 유사한 의미이다. '……之类'에서 之는 의미는 的와 같지만 서로 바꿔 사용할 수는 없으며, '~의 종류이다'의 의미이다.

03 我又是属猪的

- 이 과일은 손님을 접대하기 위한 것들이야.
- 엄마는 양띠이고 올해 46세이셔.
- 그 사람은 역사를 공부하는 사람이어서 이곳 모두 가봤어.
- 우리 아빠는 무역하는 분이어서 출장을 자주 가셔.

这些水果是用来招待客人的。

妈妈是属羊的，今年四十六岁。

他是学历史的，所以这些地方都去过。

我爸爸是做贸易的，所以经常出差。

'주어＋是＋동사구＋的'는 어떤 사람이나 사물을 분류하는 것을 나타내며 '~하는 사람이다' 혹은 '~하는 사물이다'에 사용되는 구조이다.

단어 招待 zhāodài 툉 초대하다, 접대하다 | 出差 chūchāi 툉 출장 가다

04 十二生肖，十二年一个轮回

- 1년에 한 번이면 이미 충분히 많아.
- 한 사람에 한 권씩이야, 더 가져가면 안 돼.
- 1년 365일 매일 즐거워.
- 세 달에 한 번씩 돌아가니까, 다음 번은 네 차례야.

一年一次，已经够多了。

一个人一本，不能多拿。

一年365天，天天都很开心。

三个月一个轮回，下次该轮到你了。

명사가 술어가 되는 문장을 명사술어문이라고 하는데 이때 명사는 주로 수, 나이, 출신 지역, 용모 등을 나타내는 표현이다.

단어 轮 lún 툉 교대로 하다, 차례가 되다

05 我比你小一岁，属鼠

 MP3 07-09

- 그는 나보다 딱 10살이 많아.
- 오늘 저녁 식사는 평소보다 30분 늦었어.
- 이런 가죽 목걸이는 붉은 줄 목걸이보다 훨씬 비싸.
- 작년 말에 은퇴해서, 수입이 과거보다 반이 줄었어.

他整整比我大十岁。

今天的晚饭比平常晚了三十分钟。

这种皮项链比红绳子项链贵多了。

去年底退的休，工资比过去少了一半。

'A＋比＋B＋구체적인 내용'은 비교문 형식으로 구체적인 내용이 올 때에는 B의 뒤에 제시한다.

단어 整整 zhěngzhěng 囝 딱, 온전히 | 平常 píngcháng 몡 평소 혱 보통이다 | 皮 pí 몡 가죽 | 底 dǐ 몡 말, 끝 | 退休 tuìxiū 동 퇴직하다 | 收入 shōurù 몡 수입 | 过去 guòqù 몡 과거

06 要不明年我也去买条项链过本命年吧

MP3 07-10

- 그 사람들 모두 안 가니까, 나도 안 가는 걸로 하지 뭐.
- 이 옷 정말 예쁘네, 나도 한 벌 사러 갈까 봐.
- 그곳은 정말 재미있으니까 다음번에 너도 함께 가지 뭐.
- 날씨가 이렇게 안 좋으니까, 우리 집에서 영화나 보지 뭐.

他们都不去了，要不我也别去算了。

这件衣服真好看，要不我也去买一件。

那个地方挺好玩儿的，要不下次你也一起去。

天气这么不好，要不我们就在家里看电影吧。

要不는 일종의 가설로 선택할 여지를 제공하며, '～할까 봐' 혹은 '～하지 뭐' 등의 의미이다.

연습해 봐요!

단어를 교체하며 문형을 익히는 연습입니다. 반복하여 읽어 보세요.

1

① ② ③ ④ ⑤ 🎧 MP3 07-11

我打算用这个方法来教他。

你要学会用法律来保护自己。

这些东西不能用文字来表达。

他想用英语来给大家介绍一下。

내가 휴대전화로 검색 한 번 해볼게.

너는 중국어로 사람들에게 설명해도 돼.

너는 이런 방법으로 그녀에게 고백해도 돼.

나 이런 방법으로 그 사람을 검증하고 싶어.

2

① ② ③ ④ ⑤ 🎧 MP3 07-12

这个杯子是用来喝咖啡的。

这些水果是用来招待客人的。

我爸爸是做贸易的，所以经常出差。

他是学历史的，所以这些地方都去过。

이 병은 사탕을 담는 용도로 사용해.

나의 이 휴대전화는 국제 전화를 거는 용도로 사용해.

우리 형은 경제를 공부하는 사람이고, 지금 일자리를 구하고 있는 중이야.

그 사람은 개띠여서 내가 그에게 붉은 줄의 '강아지 목걸이'를 선물했어.

단어 法律 fǎlǜ 몡 법률 | 保护 bǎohù 통 보호하다 | 文字 wénzì 몡 문자, 글자 | 表白 biǎobái 통 고백하다 | 考验 kǎoyàn 통 검증하다, 시험하다 | 确认 quèrèn 통 확인하다

단어 瓶子 píngzi 몡 병 | 国际长途 guójì chángtú 몡 국제 전화 | 经济 jīngjì 몡 경제

3 MP3 **07-13**

今天比昨天早来了十分钟。

这件衣服比那件衣服贵两倍。

今天的晚饭比平常晚了三十分钟。

去年底退的休，收入比过去少了一半。

이 책은 저 책보다 좀 어려워.

그의 형은 그 사람보다 좀 커.

그 사람은 나보다 훨씬 말을 잘 해.

이 카페의 커피는 저 집보다 좀 더 맛있어.

단어 倍 bèi 형 배, 곱절

4  MP3 **07-14**

他那么忙，要不别叫他了。

一点儿都不饿，要不别吃晚饭了。

这件衣服真好看，要不我也去买一件。

那个地方挺好玩儿的，要不下次你也一起去。

전혀 춥지 않은데, 외투 입지 말까 봐.

엄마가 저렇게 피곤하신데, 나가지 말까 봐.

버스가 너무 느린데, 우리 택시 타고 갈까 봐.

이 책 이렇게 재미있는데, 나도 한 권 사러 갈까 봐.

단어 大衣 dàyī 명 외투

본문을 응용한 회화 연습입니다. 뜻을 생각하며 읽어 보세요.

MP3 07-15

1

A 这条红手链儿是你新买的吗？
Zhè tiáo hóng shǒuliànr shì nǐ xīn mǎi de ma?

B 今年是我的本命年，这是妈妈送给我的。
Jīnnián shì wǒ de běnmìngnián, zhè shì māma sònggěi wǒ de.

2

A 咱俩都属猪！
Zán liǎ dōu shǔ zhū!

B 是啊，您比我整整大一轮。
Shì a, nín bǐ wǒ zhěngzhěng dà yì lún.

○ 咱俩는 咱们两个人을 줄인 표현으로 회화에서 자주 사용합니다.

○ 大一轮은 띠동갑의 개념입니다.

3

A 你属什么？
Nǐ shǔ shénme?

B 我属兔，你呢？
Wǒ shǔ tù, nǐ ne?

4

A 今年是龙年，很多父母都想生个"龙宝宝"呢！
Jīnnián shì lóng nián, hěn duō fùmǔ dōu xiǎng shēng ge "lóng bǎobao" ne!

B 大概是因为那些父母都"望子成龙"吧。
Dàgài shì yīnwèi nàxiē fùmǔ dōu "wàngzǐ-chénglóng" ba.

○ 望子成龙，望女成凤 wàngzǐ-chénglóng, wàngnǚ-chéngfèng
'아들이 용이 되기를 바라고, 딸이 봉황이 되기를 바란다', 즉 '아들과 딸이 훌륭한 인물이 되기를 바란다'의 의미입니다.

단어 手链儿 shǒuliànr 몡 팔찌

동물과 관련한 표현입니다. 알맞은 상황에서 잘 활용해 보세요. MP3 07-16

反正是羊毛出在羊身上。

Fǎnzhèng shì yángmáo chūzài yáng shēn shang.

어쨌든 양털은 양한테서 나오는 거야.(겉으로는 좋은 것을 주는 것 같지만 사실은 자신이 대가를 지불한 거야.)

"望子成龙，望女成凤" 是每个父母的心愿。

"wàng zi chéng lóng, wàng nǚ chéng fèng" shì měige fùmǔ de xīnyuàn.

'자녀가 훌륭하게 되길 바라는 것'은 모든 부모의 소원이지.

他现在是 "初生牛犊不怕虎"。

Tā xiànzài shì "chūshēng niúdú bú pà hǔ".

그 사람은 지금 "하룻강아지 범 무서운 줄 모르는 것"이지.

你这是 "狗咬耗子，多管闲事"。

Nǐ zhè shì "gǒu yǎo hàozi, duō guǎn xiánshì".

너 이것은 "개가 쥐 잡는 것처럼 쓸데없이 남의 일에 참견하는 것"이야.

不入虎穴，焉得虎子。

Bú rù hǔxué, yān dé hǔzi.

호랑이 굴에 들어가지 않고 어떻게 호랑이를 잡겠어.

咱们走马观花，转一圈吧。

Zánmen zǒumǎ-guānhuā, zhuàn yì quān ba.

우리 대충대충 한 바퀴 돌아보자.

자주 활용할 수 있는 문장입니다. 100문장 암기를 목표로 외워 보세요.
 MP3 07-17

61 中国人喜欢用十二种生肖动物来标记年份。

62 我们出生年份的生肖动物就是我们的属相。

63 很多人"本命年"时，还会收到一些像"红内裤"、"红绳子"之类比较特别的礼物。

64 妈妈给我买了一条红绳子的"小猪项链"。

65 原来今年是你的本命年啊！

66 十二生肖，十二年一个轮回。

67 我比你小一岁。

68 猪在十二生肖中排最后一位。

69 "龙"是十二生肖中唯一一个传说中的动物。

70 入乡随俗，要不明年我也去买条项链过本命年吧。

벌써 70문장이 술술!

61	62	63	64	65	66	67	68	69	70
✓									

十二生肖寓意 12지 속뜻

예로부터 12지는 중국 문화에서 중요한 지위를 차지하고 있어서 중국인들은 그 동물들을 매우 좋아합니다. 12지는 모양이 다양하고 그 속에 다양한 의미도 있습니다.

1. 쥐(鼠) 작고 총명하며 돈을 잘 모으기 때문에 돈이 많은 부자를 의미한다.

2. 소(牛) 근면하고 성실하게 부를 쌓아가는 이미지로, 주식 시장에서는 상승장을 Bulls Market이라고 할 정도이다. 소와 관련된 물건을 차고 다니면 돈을 벌 수 있다는 것을 의미한다.

3. 호랑이(虎) 용맹하고 거침없이 앞으로 나아가는 이미지이다.

4. 토끼(兔) 사람들이 모두 좋아하는 동물로 온순하고 아름답다. 토끼는 지혜롭고 아름다운 이미지이다.

5. 용(龙) 동물의 신으로 비와 눈을 내릴 수 있으며 만물을 이롭게 한다. 용과 관련된 물건을 차고 다니면 모든 일이 순조롭게 이루어지고 높은 지위에 오를 수 있으며 모든 사업이 성공적으로 이루어진다는 것을 의미한다.

6. 뱀(蛇) 작은 용을 대신하며, 뱀 모양 물건을 차고 다니면 모든 일이 순조롭고 군자의 덕이 생긴다는 것을 의미한다.

7. 말(马) 바로 돈을 벌 수 있다는 것을 의미한다. 말은 빨리 성공하고, 빨리 높은 지위에 오르고, 빨리 편안하게 된다는 것을 나타낸다.

8. 양(羊) 양은 祥 xiáng이나 阳 yáng과 발음이 유사해서 상서로운 징조를 나타낸다.

9. 원숭이(猴) 총명하고 영리하여 높은 관직에 오른다는 것을 의미한다. 말과 함께 바로 벼슬을 하게 된다는 것을 의미한다.

10. 닭(鸡) 닭은 吉 jí와 발음이 유사하여 크게 길하다는 것을 의미한다. 즉 금계(金鸡; 수탉)가 울음소리로 새벽을 알리면 길한 운이 들어온다는 것을 나타낸다.

11. 개(狗) 일을 매우 민첩하게 처리하며, 충직한 이미지이다.

12. 돼지(猪) 지위가 점점 높이 올라가서 출세한다는 것을 의미한다. 고대에는 급제하면 홍주(红朱)로 만든 붓으로 글을 썼는데 이때 朱가 猪와 발음이 유사해서 복돼지는 좋은 기운을 불러오고 평안하다는 의미를 나타낸다.

08

中国菜

包饺子
만두를 빚다

鱼香茄子
어향가지 볶음

清炒土豆丝儿
감자채볶음

西红柿炒鸡蛋
토마토계란볶음

다음 상황을 중국어로 생각해 보세요.

한쉐

명호야, 너 어떤 중국 음식을 가장 좋아하는지 말해 봐.

박명호

나는 크게는 만한전석부터 작게는 감자채볶음까지 좋아하지 않는 것이 없어.

한쉐

맙소사, 너 그야말로 벌써 중국 사람 다 되었네!

박명호

먹는 것만이 아니라, 나는 또 집에서 중국 음식을 만들어 보려고 해.

한쉐

너 배우고 싶으면, 내가 너 가르쳐 줄게!

박명호

너 요리할 줄 알아? 그럼 너 나한테 어향가지 만드는 것 가르쳐 줘, 어때?

한쉐

어향가지는 너무 어려워, 내가 보기에 넌 아무래도 우선 쉬운 것부터 배우기 시작하는 것이 나아. 아니면, 내가 우선 너에게 토마토계란 볶음 가르쳐 주면 어때?

박명호

그 요리도 배울 게 있어? 토마토와 계란을 한곳에 넣고 볶으면 되는 것 아냐?

한쉐

이 요리는 보기에는 간단해도 만들려면 요령을 좀 터득해야 해.

박명호

그래? 다른 날 네가 나한테 직접 만들어 보여 줘!

한쉐

좋아, 문제없어! 다음번에 내가 너에게 한 수 보여 줄게!

○ 중국 요리는 프랑스 요리와 함께 세계 2대 요리로 유명하죠. 중국 요리에 녹아 있는 다양한 문화와 이야기를 생각하면서 공부해 보세요.

본문 ① 읽어 보기

이 과의 주제와 관련된 내용의 평서문입니다. 뜻을 생각하며 읽어 보세요.

MP3 08-02

我以前在老家的时候，特别喜欢吃饺子。每次全家人在一起包饺子的时候，我都会觉得很开心。妈妈也说饺子是咱们北方最好吃的东西。离开家到北京工作以后，我发现周围的同事，特别是从南方来的同事不怎么爱吃馒头、面条儿之类的面食，他们更喜欢吃米饭。大家的口味也都各不一样❶，不是有种说法叫"南甜北咸，东辣西酸"嘛。但是我却还没有发现不喜欢吃饺子的人。

🔑 문법 Tip!

❶ 各는 어떤 범위 내의 모든 개체를 가리키며, 各不一样은 '각각 다르다'는 의미의 관용구이다.
❷ '大到……小到……'는 '크게는 ～에서, 작게는 ～까지'라는 의미이다.
❸ 简直는 부사로 완전히 이와 같거나 혹은 거의 이와 비슷할 경우를 강조하고 있으며 과장의 뉘앙스를 포함하고 있다.
❹ '还用……吗?'는 '～할 필요가 있어?' 다시 말해, '～할 필요가 없다'라는 뜻을 반어적으로 표현하고 있다.
❺ '……不就行了吗?'는 '～하면 되는 것 아니야?'라는 표현으로 회화에서 자주 사용한다.
❻ 露一手는 '솜씨, 능력을 보여 주다'라는 의미로 회화에서 자주 사용한다.

👄 발음 Tip!

❶ 你会做菜? 처럼 의문사나 의문조사 없이 의문을 나타내는 경우 처음부터 음높이를 높여서 발음해야 한다.
❷ 教는 동사일 경우 1성이고 명사일 경우 4성으로 발음한다.
　　那你教我吧 1성 Nà nǐ jiāo wǒ ba　　教室 4성 jiàoshì
　　他教汉语 1성 Tā jiāo hànyǔ　　教授 4성 jiàoshòu

본문 ② 대화하기

중국 음식을 주제로 한 대화입니다. 뜻을 생각하며 읽어 보세요.

MP3 08-03

| 韩雪 | 明浩，说说你最喜欢吃什么中国菜。 |

朴明浩 我呀，大到"满汉全席"，小到②清炒土豆丝儿，没有不喜欢的。

韩雪 我的天啊，你简直③都快成一个中国人了！

朴明浩 不光是吃，我还想试着在家里做一做中国菜呢！

韩雪 如果你想学的话，我可以教你！

朴明浩 你会做菜？那你教我做个鱼香茄子，怎么样？

韩雪 鱼香茄子太难，我看你还是先从容易的开始学吧。要不我先教你做个西红柿炒鸡蛋，怎么样？

朴明浩 那道菜还用学吗④？把西红柿和鸡蛋放一起炒不就行了吗⑤？

韩雪 这道菜呀，看起来简单，做起来可还得掌握点儿小窍门儿。

朴明浩 是吗？改天你亲自做给我看看吧！

韩雪 好啊，没问题！下次我给你露一手⑥！

본문에 나온 새 단어입니다. 글자, 한어병음, 뜻을 모두 익히세요.

MP3 08-04

□ **老家** lǎojiā 몡 고향(집)

□ **饺子** jiǎozi 몡 (교자) 만두

□ **包** bāo 몡 (만두 등을) 만들다, (짐, 물건 등을) 싸다

□ **开心** kāixīn 혱 즐겁다

□ **发现** fāxiàn 통 발견하다

□ **周围** zhōuwéi 몡 주위, 사방

□ **同事** tóngshì 몡 동료

□ **馒头** mántou 몡 (소 없는) 찐빵, 만두

□ **面条儿** miàntiáor 몡 국수

□ **面食** miànshí 몡 밀가루 음식, 분식

□ **米饭** mǐfàn 몡 쌀밥

□ **说法** shuōfǎ 몡 의견, 도리

□ **甜** tián 혱 달다

□ **咸** xián 혱 짜다

□ **酸** suān 혱 시다

□ **满汉全席** mǎnhàn quánxí 만한전석[만주족 풍습의 요리와 한족 풍습의 요리(로 이루어진 연회)]

□ **清炒土豆丝儿** qīngchǎo tǔdòusīr 몡 감자채볶음[음식명]

□ **简直** jiǎnzhí 뿐 그야말로

□ **教** jiāo 통 가르치다

□ **鱼香茄子** yúxiāng qiézi 몡 어향가지볶음[음식명]

□ **难** nán 혱 어렵다

□ **西红柿炒鸡蛋** xīhóngshì chǎo jīdàn 몡 토마토계란볶음[음식명]

□ **炒** chǎo 통 볶다

□ **道** dào 양 요리를 헤아리는 단위

□ **掌握** zhǎngwò 통 파악하다

□ **窍门儿** qiàoménr 몡 비결, 요령

□ **改天** gǎitiān 뿐 후일에, 다른 날에

□ **露** lòu 통 드러내다, 보여 주다

중급 단계에서 꼭 필요한 주요 문법입니다. 반복하여 학습하세요.

01 大家的口味也都各不一样

- 이 소식을 들은 후 모든 사람들의 표정이 각각 달랐어.

  听到这个消息后，大家的表情都各不一样。

- 우리 반은 30여 명의 친구가 있는데 모두의 취미가 각각 달라.

  我们班有三十多个同学，大家的爱好都各不一样。

- 우리는 서로 다른 두 세계에서 살고 있어서 원하는 것과 걱정하는 것이 각각 달라.

  我们生活在两个不同的世界，希望和担心的各不一样。

- 그들 반에는 프랑스 사람뿐만 아니라 미국 사람도 있는데 민족, 피부색 모두 각각 달라.

  他们班中不仅有法国人，还有美国人，种族、肤色都各不一样。

各는 어떤 범위 내의 모든 개체를 가리키며, 各不一样은 '각각 다르다'라는 의미의 관용구이다.

단어 表情 biǎoqíng 몡 표정 | 不仅……还…… bùjǐn……hái…… ~뿐만 아니라 ~도 | 种族 zhǒngzú 몡 민족, 종족 | 肤色 fūsè 몡 피부색

02 大到满汉全席，小到清炒土豆丝儿

- 크게는 그룹에서 작게는 회사까지 모두 이 일을 중시한다.

  大到集团，小到公司，都很重视这件事情。

- 크게는 사회에서 작게는 개인까지 모두 많은 영향을 받았다.

  大到社会，小到个人，都受到了很大的影响。

- 크게는 가전제품에서 작게는 간식까지 너는 모두 이 인터넷에서 살 수 있어.

  大到家电，小到零食，你都可以在这个网上买到。

- 그 사람들이 파는 물건은 다양해서, 크게는 가전제품에서 작게는 단추까지 없는 게 없다.

  他们卖的东西五花八门，大到家电小到钮扣，无所不有。

'大到……小到……'는 '크게는 ~에서, 작게는 ~까지'라는 의미이다.

단어 个人 gèrén 몡 개인 | 家电 jiādiàn 몡 가전 | 零食 língshí 몡 간식 | 五花八门 wǔhuā-bāmén 솅 다양하다 | 钮扣 niǔkòu 몡 단추 | 无所不有 wúsuǒ-bùyǒu 솅 없는 게 없다

03 你简直都快成一个中国人了!

- 그 사람이 이렇게 말하는 것은 정말 너무 심한 거야!
- 그 사람 둘은 완전히 친형제 같아.
- 이런 일이 생길 줄은 완전히 상상할 수도 없었어.
- 난 정말 그 사람이 겨우 두 달 배웠다는 것을 감히 믿을 수가 없어.

他这么说，简直太过分了!

他们俩简直就像亲兄弟一样。

简直没法想象会发生这种事情。

我简直不敢相信，他才学了两个月。

简直는 부사로 완전히 이와 같거나 혹은 거의 이와 비슷할 경우를 강조하고 있으며 과장의 뉘앙스를 포함하고 있다.

단어 敢 gǎn 🖲 감히

04 那道菜还用学吗?

- 신문에 모두 있는데 또 휴대전화를 찾아볼 필요가 있어?
- 그 노래 또 배울 필요가 있어? 나 일찌감치 할 줄 알아.
- 이렇게 간단한 문제를 또 선생님께 여쭤 볼 필요가 있어?
- 이것을 또 말할 필요가 있어? 나는 절대로 그 사람에게 알려 주지 않을 거야.

报纸上都有，还用查手机吗?

那首歌还用学吗? 我早就会了。

这么简单的问题还用去问老师吗?

这还用说吗? 我肯定不会告诉他。

'还用……吗?'는 반어적인 의미를 나타낸다. 즉, '~할 필요가 있어?' 다시 말해, '~할 필요가 없다'라는 뜻을 반어적으로 표현하고 있다.

05 把西红柿和鸡蛋放一起炒不就行了吗? 🎧 MP3 08-09

• 택시 타고 가면 되는 것 아냐?

• 네가 그 사람에게 알려 주러 가면 되는 것 아냐?

• 너는 그 사람들의 요구 사항에 따라 하면 되는 것 아냐?

• 그 사람이 그렇게 사고 싶어 하면, 네가 그 사람에게 하나 사 주면 되는 것 아냐?

打的去不就行了吗?

你去告诉他不就行了吗?

你只要按照他们的要求去做不就行了吗?

他那么想买,你给他买一个不就行了吗?

'……不就行了吗?'는 '~하면 되는 것 아니야?'라는 표현으로 회화에서 자주 사용한다.

단어 按照 ànzhào 젠 ~에 따라

06 下次我给你露一手! 🎧 MP3 08-10

• 그는 항상 '솜씨 보여 주는 것'을 잊지 않아.

• 이번에 내가 너희들에게 솜씨를 보여 줘야겠어.

• 너 그 기술, 언제 우리에게 보여 줄 거야?

• 이 요리 내가 여러 번 만들어 본 적이 있으니까, 오늘 내가 너희들에게 솜씨 한번 보여 줄게.

他时时都不忘 "露一手"。

这回我可要给你们露一手了。

你那技艺,什么时候给我们露一手啊?

这个菜我做过好几次了,今天我来给你们露一手!

露一手는 '솜씨, 능력을 보여 주다'라는 의미로 회화에서 자주 사용한다.

단어 时时 shíshí 뮈 항상, 늘 | 技艺 jìyì 몡 기술, 능력

연습해 봐요!

단어를 교체하며 문형을 익히는 연습입니다. 반복하여 읽어 보세요.

1

① ② ③ ④ ⑤ 🎧 MP3 08-11

每个国家的情况都各不一样。

对这个问题，大家的看法都各不一样。

同一种病，但每个人的症状都各不一样。

这八个卡通形象受欢迎的程度各不一样。

모든 사람의 표정이 각각 다 달라.

모두 그 사람을 돕고 있고, 돕는 방식은 각각 달라.

우리 반은 30여 명의 친구가 있는데 모두의 취미가 각각 달라.

우리는 서로 다른 두 개의 세상에서 살고 있어서 원하는 것과 걱정하는 것이 각각 달라.

2

① ② ③ ④ ⑤ 🎧 MP3 08-12

他们俩长得简直一模一样。

他们俩简直就像亲兄弟一样。

我简直不敢相信，他才学了两个月。

今天发生的这一切，我简直不敢想象。

그 사람은 완전히 '덜렁이'야.

이것은 완전히 너무 불공평해!

이곳의 경치는 완전히 한 폭의 그림 같아.

나중에 이것이 완전히 불가능하다는 것을 나는 비로소 발견했어.

단어 症状 zhèngzhuàng 몡 증상 | 卡通 kǎtōng 몡 카툰, 만화 | 形象 xíngxiàng 몡 형상, 이미지 | 程度 chéngdù 몡 정도, 수준 | 帮助 bāngzhù 동 돕다 | 尽管 jǐnguǎn 뷔 항상, 늘

단어 一模一样 yìmú-yíyàng 졍 완전히 같다 | 马大哈 mǎdàhā 몡 덜렁이 | 덜렁거리다 | 公平 gōngpíng 혱 공평하다

● **130** 중국 음식

3

1 2 3 4 5 🎧 MP3 08-13

大家都知道，还用介绍吗?

报纸上都有，还用查手机吗?

那首歌还用学吗? 我早就会了。

这还用说吗? 他肯定会同意的。

너희들 모두 봤는데, 또 설명이 필요해?

이렇게 간단한 문제를 또 증명할 필요가 있어?

이렇게 간단한 한자를 자전에서 찾아볼 필요가 있어?

나는 벌써 알고 있었는데, 또 네가 나에게 알려 줄 필요가 있어?

4

1 2 3 4 5 🎧 MP3 08-14

打的去不就行了吗?

你一个人去不就行了吗?

你去告诉他不就行了吗?

想吃的话，去买一斤吃不就行了吗?

엄마가 너한테 만들어 주면 되는 것 아냐?

네가 학교 도서관 가서 빌리면 되는 것 아냐?

날씨가 좋지 않으면 집에서 쉬면 되지 않아?

그 사람이 그렇게 가고 싶어 하면 그 사람 데리고 함께 가면 되는 것 아냐?

단어) 证明 zhèngmíng 동 증명하다 | 字典 zìdiǎn 명 자전

묻고 답해 봐요

你问我答!

본문을 응용한 회화 연습입니다. 뜻을 생각하며 읽어 보세요.

MP3 08-15

1

A 听说南方人不爱吃面食，对吗？
Tīngshuō nánfāng rén bú ài chī miànshí, duì ma?

B 也不一定，饺子这样的面食我也很喜欢。
Yě bù yídìng, jiǎozi zhèyàng de miànshí wǒ yě hěn xǐhuan.

2

A 原来你是四川人，难怪那么爱吃辣。
Yuánlái nǐ shì Sìchuān rén, nánguài nàme ài chī là.

B 四川人不怕辣，湖南人辣不怕, 贵州人怕不辣。
Sìchuān rén bú pà là, Húnán rén là bú pà, Guìzhōu rén pà bú là.

○ 중국에서 '매운 맛'을 설명할 때 자주 사용하는 표현입니다.

3

A 你会做中国菜吗？
Nǐ huì zuò Zhōngguó cài ma?

B 会啊。我最拿手的菜就是 "清炒土豆丝儿"。
Huì a. Wǒ zuì náshǒu de cài jiùshì "qīngchǎo tǔdòusīr".

○ 개인이 잘하는 요리를 拿手菜, 식당이 잘하는 요리를 特色菜라고 합니다.

4

A 我最喜欢吃的中国菜就是 "鱼香茄子"。
Wǒ zuì xǐhuan chī de Zhōngguó cài jiùshì "yúxiāng qiézi".

B 是吗？我刚学会，下次给你露一手。
Shì ma? Wǒ gāng xuéhuì, xiàcì gěi nǐ lòu yì shǒu.

단어 湖南 Húnán 고유 후난성[중국의 지역명] | 贵州 Guìzhōu 고유 구이저우성[중국의 지역명]

더 높이 날아 봐요! 更上一层楼!

먹는 것과 관련한 표현입니다. 알맞은 상황에서 잘 활용해 보세요.　🎧 MP3 08-16

他这个人啊，就是"茶壶里煮饺子——肚里有货倒（道）不出来"。
Tā zhège rén a, jiùshì "cháhú lǐ zhǔ jiǎozi
　　—— dù lǐ yǒu huò dào(dào) bù chūlai".
그 사람 말이야, "찻주전자에 교자만두 삶는 것처럼,
　　생각은 있지만 표현을 못해."

咱们这一次"吃一堑，长一智"，没关系。
Zánmen zhè yí cì "chī yí qiàn,
zhǎng yí zhì", méi guānxi.
우리 이번에 한 번 좌절하고,
하나 배웠으니까, 상관없어.

你看你那狼吞虎咽的样子!
Nǐ kàn nǐ nà lángtūn-hǔyàn de yàngzi!
너 이 게걸스럽게 먹는 모습 좀 봐!

早吃好, 午吃饱, 晚吃少。
Zǎo chīhǎo, wǔ chībǎo, wǎn chīshǎo.
아침에 잘 먹고, 점심에 배부르게 먹고,
저녁에는 적게 먹어야 해.

不会做饭的看锅，会做饭的看火。
Bú huì zuò fàn de kàn guō,
huì zuò fàn de kàn huǒ.
밥 할 줄 모르는 사람은 솥을 보고,
밥 할 줄 아는 사람은 불을 보는 거야.

我现在是"巧妇难为无米之炊"。
Wǒ xiànzài shì "qiǎo fù nánwéi
wú mǐ zhī chuī".
나 지금 "아무리 대단한 부인이라도 쌀이 없으면
밥을 짓지 못하는 것"과 같아.

외워 봐요!

자주 활용할 수 있는 문장입니다. 100문장 암기를 목표로 외워 보세요. MP3 08-17

71 每次全家人在一起包饺子的时候，我都会觉得很开心。

72 大家的口味也都各不一样。

73 南甜北咸，东辣西酸。

74 但是我却还没有发现不喜欢吃饺子的人。

75 大到"满汉全席"，小到清炒土豆丝儿，我没有不喜欢的。

76 你简直都快成一个中国人了！

77 不光是吃，我还想试着在家里做一做中国菜呢！

78 那道菜还用学吗？

79 把西红柿和鸡蛋放一起炒不就行了吗？

80 下次我给你露一手！

벌써 80문장이 술술!

| 71 | 72 | 73 | 74 | 75 | 76 | 77 | 78 | 79 | 80 |

满汉全席 만한전석

만한전석은 만주족과 한족의 요리 중 최고의 요리로 만들어 낸 역사적으로 가장 유명한 중국 대연회이며 청대에 흥행하기 시작하였다. 건륭 갑신년 간에 이두(李斗)가 쓴 《양주화방록(扬州画舫录)》에 만한전석 식단이 있는데 이것이 만한전석에 관한 최초의 기록이다.

만한전석은 둥베이, 산둥, 베이징, 장쑤 요리가 중심이며, 일반적인 '만한전석'의 진귀한 음식은 사슴 눈 아래 하악, 생선 뼈, 철갑상어 알, 노루 궁둥이 버섯, 곰 발바닥, 개구리, 사슴 꼬리, 표범의 태, 그리고 기타 진귀한 원료 등이 있다. 후에 푸젠성과 광둥성 등지의 요리도 대규모 연회에서 선보이곤 하였다. 남쪽 지방 요리는 장쑤와 저장 요리 30개, 푸젠 요리 12개, 광둥 요리 12개, 총 54개가 있고, 북쪽 지방 요리는 만주족 요리 12개, 베이징 요리 12개, 산둥 요리 30개, 총 54개가 있다.

[출처 바이두 백과]

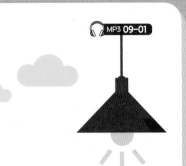

09

饮茶

○ 학습 목표 차와 관련된 문화를 이해하고 다양한 표현을 활용할 수 있다.

○ 학습 내용 **1.** 차 관련 문화   **2.** 直到……

老舍
라오서

老舍茶馆
라오서 찻집

茶具
다기 세트

品茶
차를 맛보다

생각해 보요!

想一想!

다음 상황을 중국어로 생각해 보세요.

최지민

> 가오펑, 너 차 마시는 것 좋아해?

가오펑

> 좋아해! 나는 소파에 기대어 차를 마시며 책 보는 걸 제일 좋아해.

최지민

> 정말 생활을 즐길 줄 아는구나! 베이징에 많은 전통찻집이 있다고 난 들었는데 그래?

가오펑

> 그래, 예를 들면, '라오서 찻집'이 정말 유명해.

최지민

> 라오서 선생은 소설 《찻집》 쓴 적 있지 않아? 나중에 또 연극으로 각색한 걸로 들었어.

가오펑

> 오, 너 이것도 아는구나! 이 '라오서 찻집'은 바로 라오서 선생의 이름을 따서 지은 거야.

최지민

> 찻집에서 차 마시는 것 외에 또 뭘 할 수 있어?

가오펑

> 차의 맛을 즐길 수 있을 뿐 아니라, 중국 문화도 체험할 수 있어. 가 보고 싶어?

최지민

> 우리 명호와 한쉐랑 약속해서 함께 가는 것 어때?

가오펑

> 내가 보기에, 차 마시는 것과 비교하면, 그 둘은 커피 마시는 걸 더 좋아하는 것 같아!

최지민

> 그럼 우리 둘이 다른 날 시간 내서 같이 가자.

○ 중국인과 차는 떼려야 뗄 수 없는 관계에 있습니다. 남방에서 북방까지 좋아하는 차의 종류나 차를 마시는 방식의 차이는 있지만 중국인이라면 누구나 차를 좋아합니다. 중국인과 차에 관한 문화를 생각하며 공부해 보세요.

본문 ① 읽어 보기

이 과의 주제와 관련된 내용의 평서문입니다. 뜻을 생각하며 읽어 보세요.　　MP3 09-02

　　中国人饮茶，据说①已经有四千七百多年的历史了。直到②现在，中国还有以茶代礼的风俗。喝茶是很多中国人的生活习惯，有些人还把品茶当作③一种享受。红茶、绿茶、花茶等等都是中国人喜欢的茶类。中国人用"粗茶淡饭"来形容一个人的生活简朴；用"茶余饭后"来指代空闲的休息时间。可见④饮茶在中国人的心目中有多么重要了！

🔑 문법 Tip!

① 据说는 '다른 사람이 말하는 것을 근거로'라는 의미로, 때로는 출처가 있지만 설명하지 않는다.

② '直到……'는 '一直到……'에서 一가 생략된 형태로 '~까지'의 의미이다.

③ '把＋명사구＋当作＋명사구'에서 当作는 '~으로 보다', '~으로 삼다'의 뜻을 나타낸다.

④ 可见은 앞 문장에 이어서 결론으로 판단하는 것을 나타내며 주로 복문에서 출현한다.

⑤ '一边……一边……'은 연관부사로 두 종류 이상의 동작이 동시에 진행되는 것을 나타내며, '한편으로 ~하고, 한편으로 ~하다' 혹은 '~하면서 ~하다'의 의미이다.

⑥ '동사＋成'에서 成은 결과보어로 성공, 완성, 실현, 혹은 변화를 나타낸다.

👄 발음 Tip!

① 当作의 当은 dàng 4성임에 유의한다.

② 这你都知道啊!에서 这를 4성으로 길게 발음한다.

说一说!

본문 ② 대화하기

차와 라오서 찻집을 주제로 한 대화입니다. 내용을 생각하며 읽어 보세요.

🎧 MP3 09-03

崔智敏　　高朋，你喜欢喝茶吗？

高朋　　　喜欢啊！我最喜欢靠在沙发上，一边喝茶，一边⑤看书。

崔智敏　　真会享受生活啊！我听说北京有不少老茶馆儿，是吗？

高朋　　　是啊，比如说"老舍茶馆"就非常有名。

崔智敏　　老舍先生不是写过小说《茶馆》吗？听说后来还改编成⑥了话剧。

高朋　　　哟，这你都知道啊！这"老舍茶馆"就是以老舍先生的名字命名的。

崔智敏　　茶馆里除了喝茶还能做什么呢？

高朋　　　不但能品茶，还能体验中国文化。想不想去啊？

崔智敏　　咱们约上明浩和小雪一起去，怎么样？

高朋　　　我看啊，跟喝茶比起来，他俩好像更喜欢喝咖啡吧！

崔智敏　　那咱俩改天抽时间一起去吧！

본문에 나온 새 단어입니다. 글자, 한어병음, 뜻을 모두 익히세요.　　🎧 MP3 09-04

□ **饮茶** yǐnchá 图 차를 마시다

□ **据说** jùshuō 图 말하는 바에 의하다, 들은 바에 의하다

□ **历史** lìshǐ 圐 역사

□ **以** yǐ 젠 ～(으)로(서/써)

□ **代** dài 图 대신하다

□ **礼** lǐ 圐 예, 예의

□ **风俗** fēngsú 圐 풍속

□ **生活** shēnghuó 圐 생활

□ **习惯** xíguàn 圐 습관

□ **品茶** pǐnchá 图 차를 맛보다, 차의 맛을 음미하다

□ **享受** xiǎngshòu 图 즐기다

□ **红茶** hóngchá 圐 홍차

□ **花茶** huāchá 圐 꽃차

□ **粗茶淡饭** cūchá-dànfàn 圀 조악한 차와 화려하지 않은 밥[소박한 음식]

□ **形容** xíngróng 图 형용하다

□ **简朴** jiǎnpǔ 圀 간소하다, 소박하다

□ **茶余饭后** cháyú-fànhòu 圀 차를 마시거나 식사 후에 휴식을 취하다

□ **指代** zhǐdài 图 대신 지칭하다

□ **空闲** kòngxián 圀 한가하다

□ **可见** kějiàn 젭 ～을 알 수 있다

□ **心目** xīnmù 圐 마음속

□ **多么** duōme 閉 얼마나

□ **沙发** shāfā 圐 소파

□ **一边……一边……** yìbiān…… yìbiān…… ～하면서 ～하다

□ **茶馆儿** cháguǎnr 圐 찻집

□ **老舍** Lǎoshě 고유 라오서(1899-1966) [중국 현대 소설가, 극작가]

□ **改编** gǎibiān 图 각색하다, 개편하다

□ **话剧** huàjù 圐 연극

□ **命名** mìngmíng 图 명명하다, 이름 짓다

□ **约** yuē 图 약속하다

□ **抽** chōu 图 (시간을) 내다, 꺼내다

중급 단계에서 꼭 필요한 주요 문법입니다. 반복하여 학습하세요.

01 中国人饮茶，据说已经有四千七百多年的历史了

 MP3 09-05

• 듣기로 이 전설은 인도에서 기원했다고 해.	据说这个传说起源于印度。
• 듣기로 그들은 이미 그곳을 떠났다고 해.	据说他们已经离开了那个地方。
• 이 도시는 역사가 수백 년이나 되었다고 들었어.	这座城市据说有几百年的历史了。
• 듣기로 선생님들은 이 문제에 특히 흥미가 있다고 해.	据说老师们对这个问题特别感兴趣。

据说는 '다른 사람이 말하는 것을 근거로'라는 의미로, 때로는 출처가 있지만 설명하지 않는다. 据说 자체는 주어가 있을 수 없으며, 문장 속에서 삽입어로 사용되는 경우가 많다.

단어 起源 qǐyuán 튕 기원하다 | 印度 Yìndù 고유 인도

02 直到现在，中国还有以茶代礼的风俗

MP3 09-06

• 그 사람은 날이 밝아서야 집으로 돌아갔다.	他直到天亮才回家。
• 지금까지 그 사람은 아직 그때 만남을 잊을 수가 없다.	直到现在，他还忘不了那次相遇。
• 파티가 끝난 후에야 그 사람은 그녀를 바래다주었다.	直到宴会散了以后，他才送她回去。
• 밥 먹을 때가 되어서야 그녀는 비로소 이 일을 말하기 시작했다.	直到吃饭的时候，她才说起了这件事。

'直到……'는 '一直到……'에서 一가 생략된 형태로 '~까지'의 의미를 나타낸다. 直到는 대부분 시간과 관계가 있다.

단어 宴会 yànhuì 명 연회 | 散 sàn 튕 흩어지다

03 有些人还把品茶当作一种享受 🎧 MP3 09-07

- 그 사람은 산책을 일종의 생활 습관으로 삼았다.

  他把散步当作一种生活习惯。

- 나는 줄곧 그 사람을 가장 좋은 친구라고 생각했어.

  我一直把他当作最好的朋友。

- 너는 이것을 일종의 취미로 삼아도 돼.

  你可以把这个当作一种兴趣爱好。

- 갈수록 많은 학생들이 이 책을 재미있는 도서로 보고 즐기고 있어.

  越来越多的学生把这本书当作一本有趣的图书来欣赏。

'把＋명사구＋当作＋명사구'에서 当作는 '～으로 보다', '～으로 삼다'의 뜻을 나타낸다. 当作의 当은 4성(dàng)임에 유의한다.

단어 有趣 yǒuqù 혱 재미있다 | 欣赏 xīnshǎng 동 감상하다

04 可见饮茶在中国人的心目中有多么重要了! 🎧 MP3 09-08

- 방송국이 취재를 온 걸 보니까 모두 이 일에 관심이 많은 것 같아.

  电视台来采访了，可见大家很关注这件事。

- 어제 막 배운 것을 네가 바로 잊어버리다니, 너는 열심히 공부하지 않은 것 같아.

  昨天刚学的，你就忘了，可见你没认真学。

- 세상의 일은 절대적 공정함이 존재하지 않는 것 같아 보여.

  可见世界上的事情，绝对的公平是不存在的。

- 그 문제가 아직 해결되지 않았다니, 간단한 문제는 아닌 것처럼 보여.

  那个问题还没解决，可见不是个简单的问题。

可见은 앞 문장에 이어서 결론으로 판단하는 것을 나타내며 주로 복문의 뒷문장에서 출현한다.

단어 电视台 diànshìtái 명 방송국 | 采访 cǎifǎng 동 취재하다 | 绝对 juéduì 혱 절대의, 절대적인 | 存在 cúnzài 동 존재하다

05 一边喝茶，一边看书 🎧 MP3 09-09

• 나는 밥 먹으면서 TV 보는 것을 좋아해.	我喜欢一边吃饭，一边看电视。
• 너 음악 들으면서, 숙제하지 마.	你不要一边听音乐，一边做作业。
• 그 사람들은 노래하고 춤추며 정말 신나게 놀았어.	他们一边唱，一边跳，玩儿得可开心了。
• 아빠와 아빠 친구는 커피를 마시면서 얘기를 나눴어.	爸爸和他的朋友一边喝咖啡，一边聊天儿。

'一边……一边……'은 연관부사로 두 종류 이상의 동작이 동시에 진행되는 것을 나타낸다. '한편으로 ～하고, 한편으로 ～하다' 혹은 '～하면서 ～하다'의 의미이다.

06 听说后来还改编成了话剧 🎧 MP3 09-10

• 그 사람은 머리카락을 붉은색으로 염색했어.	他把头发染成了红色。
• 이 소설은 나중에 영화로 만들어졌어.	这个小说后来改编成电影了。
• 시험 시간이 다음 주인데, 그는 이번 주라고 말했어.	考试时间是下周，他说成这周了。
• 그 사람은 모든 달러를 위안화(RMB)로 바꿨어.	他把所有的美金都换成了人民币。

'동사＋成'에서 成은 결과보어로, 동작의 성공, 완성, 실현 혹은 변화를 나타낸다.

단어 头发 tóufa 몡 머리카락 | 染 rǎn 통 염색하다 | 美金 měijīn 몡 달러

연습해 보요!

단어를 교체하며 문형을 익히는 연습입니다. 반복하여 읽어 보세요.

1 [1][2][3][4][5] 🎧 MP3 09-11

他直到天亮才回家。

直到昨天，他才知道这件事。

直到两年以后，人们才发现了它。

直到吃饭的时候，她才说起了这件事。

개학 때가 되어서야 그 사람은 귀국했어.

지금까지도 그 사람은 여전히 모르고 있어.

지금까지도 그 사람은 여전히 후회하고 있어.

그는 날이 어두워져서야 귀가했어.

단어 后悔 hòuhuǐ 图 후회하다

2 [1][2][3][4][5] 🎧 MP3 09-12

我一直把他当作最好的朋友。

你可以把这个当作一种投资。

你可以把这个当作一种兴趣爱好。

他一直把生活当作一种艺术来享受。

너는 우리를 너의 부모님으로 생각해!

너희들은 문학을 상품으로 생각해서는 안돼.

모두 그것을 공익사업으로 생각하고 하기를 원해.

그 사람은 줄곧 나를 그의 가장 친한 형제로 생각했어.

단어 艺术 yìshù 图 예술 | 文学 wénxué 图 문학 | 作品 zuòpǐn 图 작품 | 愿意 yuànyì 图 ～하기를 원하다 | 公益 gōngyì 图 공익 | 事业 shìyè 图 사업

3 ☐ 1 2 3 4 5 🎧 MP3 **09-13**

咱们一边走一边聊。

她喜欢一边开车，一边听音乐。

你不要一边听音乐，一边做作业。

爸爸和他的朋友一边喝咖啡，一边聊天儿。

우리는 영화를 보며 팝콘을 먹었어.

너희들은 공부하면서 자전 찾는 것 하지마.

엄마는 텔레비전을 보면서 뜨개질을 하셨어.

나는 밥 먹으면서 신문 보는 것을 좋아하지 않아.

4 ☐ 1 2 3 4 5 🎧 MP3 **09-14**

他把头发染成了红色。

你把这些美元都换成韩币吧。

考试时间是下周，他说成这周了。

她说的是"一"，你听成"七"了。

이 소설은 나중에 영화로 각색되었어?

너 머리카락을 노란색으로 염색하지 마.

중국 사람은 그것을 매우 중요한 선물로 생각해.

우리는 11시에 만나기로 약속했는데, 그 사람은 12시로 들었어.

🔤단어 爆米花 bàomǐhuā 圓 팝콘

본문을 응용한 회화 연습입니다. 뜻을 생각하며 읽어 보세요.

🎧 MP3 09-15

1

A 其实啊，"粗茶淡饭"最养生。
　Qíshí a, "cūchá-dànfàn" zuì yǎngshēng.

B 是啊，古人说："粗茶淡饭，延年益寿"啊!
　Shì a, gǔrén shuō: "cūchá-dànfàn, yánnián-yìshòu" a!

> 养生 yǎngshēng
> 은 건강한 생활을
> 위해 몸 관리를 잘
> 하는 것을 의미합
> 니다.

2

A 那个房间是他们茶余饭后聊天儿的地方。
　Nà ge fángjiān shì tāmen cháyú-fànhòu liáotiānr de dìfang.

B 真不错。
　Zhēn búcuò.

3

A 上次去的那家茶馆儿真不错!
　Shàng cì qù de nà jiā cháguǎnr zhēn búcuò!

B 我也觉得体验到了真正的中国文化。
　Wǒ yě juéde tǐyàn dàole zhēnzhèng de Zhōngguó wénhuà.

4

A 跟喝咖啡比起来，你更喜欢喝茶吧?
　Gēn hē kāfēi bǐ qǐlai, nǐ gèng xǐhuan hē chá ba?

B 没错，只要有时间我就会泡一杯茶喝。
　Méi cuò, zhǐyào yǒu shíjiān wǒ jiù huì pào yì bēi chá hē.

> '只要……就……'
> 문형은 '~만 하
> 면 곧 ~하다'의
> 의미입니다.

단어 养生 yǎngshēng 통 보양하다 | 古人 gǔrén 명 옛사람 | 延年益寿 yánnián-yìshòu 정 장수하다 |
真正 zhēnzhèng 형 진정한

차와 관련한 성어 표현입니다. 알맞은 상황에서 잘 활용해 보세요. 　MP3 09-16

今天咱们以茶代酒吧。
Jīntiān zánmen yǐ chá dài jiǔ ba.
오늘은 우리 차로 술을 대신하자.

茶有茶道，吃有吃道。
Chá yǒu chádào, chī yǒu chīdào.
차에는 다도가 있고, 음식에는 음식의 도가 있어.

一日无茶则滞，
三日无茶则病。
Yī rì wú chá zé zhì,
sān rì wú chá zé bìng.
하루 동안 차를 마시지 않으면 소화가 되지 않고,
3일 동안 차를 마시지 않으면 병이 난다.

早晨开门七件事：
有柴、米、油、盐、酱、醋、茶。
Zǎochén kāimén qī jiàn shì:
Yǒu chái、mǐ、yóu、yán、jiàng、cù、chá.
아침을 여는 일곱 가지 필수품으로는
땔감, 쌀, 기름, 소금, 간장, 식초, 차가 있어.

中国人常说："常喝茶，少烂牙。"
Zhōngguó rén cháng shuō:
"Cháng hē chá, shǎo làn yá."
중국 사람들은 "자주 차를 마시면,
충치가 적게 생긴다"라고 말해.

茶要浅，酒要满。
Chá yào qiǎn, jiǔ yào mǎn.
차는 조금 적게 따르고, 술은 가득 따라야 해.

자주 활용할 수 있는 문장입니다. 100문장 암기를 목표로 외워 보세요.

MP3 09-17

81 中国人饮茶，据说已经有四千七百多年的历史了。

82 直到现在，中国还有以茶代礼的风俗。

83 有些人还把品茶当作一种享受。

84 中国人用"粗茶淡饭"来形容一个人的生活简朴。

85 可见饮茶在中国人的心目中有多么重要了！

86 我最喜欢靠在沙发上，一边喝茶，一边看书。

87 你真会享受生活啊！

88 听说后来还改编成了话剧。

89 这"老舍茶馆"就是以老舍先生的名字命名的。

90 那咱俩改天抽时间一起去吧！

벌써 90문장이 술술!

81	82	83	84	85	86	87	88	89	90
✓									

茶 차

차는 중국 사람들의 일상생활 속에서 빠질 수 없는 일부분이다. 중국 속담에는 일곱 가지 생활 필수 품으로 땔감, 쌀, 기름, 소금, 간장, 식초, 차가 있다고 하였다. 차를 마시는 습관은 중국인에게 뿌리를 내린 지 이미 수천 년이 되었다. 당대 중기에 출가한 후 환속한 스님인 루위(陆羽)가 선인들과 당시 의 경험을 종합하여 세계 첫 번째로 찻잎에 관한 저술인 「다경(茶经)」을 완성한 후 차 마시는 분위기 가 중국 전역으로 빠르게 퍼져서, 위로는 황제에서 아래로는 일반 사람들까지 차를 마시지 않는 사 람이 없었다. 17세기 초, 네덜란드 동인도회사가 처음으로 중국의 차를 유럽으로 수출하였고, 17세기 중엽에 영국 귀족 사회에서 '차를 마시는 것(饮茶)'이 이미 그 시대의 일반적인 모습이 되었다. 중국 에서 차는 인문, 지리의 차이로 두 개의 발음이 있다. 북방은 CHA라고 하고, 남방은 TEE라고 한다. 따라서 중국 북방에서 차를 수입하는 나라인 터키의 발음은 HAY, 러시아는 CHAI, 일본은 CHA이고, 중국 남방에서 바다를 거쳐 차를 수입한 나라인 스페인의 발음은 TE, 독일은 TEE, 영국은 TEA로 발 음이 서로 다르다.

10

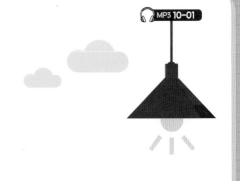

汉字

○ 학습 목표 　한자와 관련된 문화를 이해하고 다양한 표현을 활용할 수 있다.

○ 학습 내용 　**1.** 한자 관련 표현　　**2.** 起源于……

생각해 봐요!

想一想!

다음 상황을 중국어로 생각해 보세요.

 한쉐
지민아, 다음 주가 우리 언니 생일인데, 나 언니한테 선물 하나 준비하고 싶어.

 최지민
요즘 날씨가 안 좋아서 계속 비 오니까, 언니에게 예쁜 우산 하나 선물해.

 가오펑
그건 절대 안 돼, 중국에서 '우산'은 정말 인기 없는 선물이야.

 한쉐
맞아, '우산'과 '산(흩어지다)'의 발음이 같기 때문이야.

 박명호
어쩐지 중국인이 '배'를 나눠 먹지 않던데 '배를 나누는 것'과 '분리'의 발음이 같기 때문이구나.

 최지민
명호가 아는 게 정말 많네!

 박명호
많은 중국 문화가 한자의 발음과 관계가 있어서 나는 한자에 흥미가 있어.

 가오펑
그럼 너 예를 몇 개 더 들어서 우리에게 들려줘 봐.

 박명호
더 예를 들자면, 음력설 때 중국인들이 '복' 자를 거꾸로 붙이는 것은 '복이 온다!'라는 것을 나타내고, 민간에서 설날에 붙이는 그림에 나오는 '연꽃'과 '물고기'는 '해마다 풍성하다'라는 것을 나타내는 거야.

 한쉐
와! 너 이번 학기 한자 수업에서 많은 걸 배웠구나!

○ 중국에서는 오래전에 만들어진 문자를 지금까지도 사용하고 있습니다. 한자는 상대(商代)의 갑골문에서 현재의 간화자까지 다양한 변화의 과정을 겪었으며 그 안에 다양한 문화가 포함되어 있습니다. 한자와 관련된 문화를 생각하며 공부해 보세요.

본문 ① 읽어 보기

이 과의 주제와 관련된 내용의 평서문입니다. 뜻을 생각하며 읽어 보세요.　　MP3 10-02

　　中国人使用的汉字已经有几千年的历史❶了。汉字最早起源于
❷图画，也就是象形文字。它们被❸写在龟甲或者兽骨上，每个字
都像一幅画。比如说"日"字，它像一个太阳，"月"字就像一个月
亮。除了象形字，后来还出现了很多用别的方法造出来的字，其中
最多的就是形声字，形声字的形旁表示意义，声旁表示读音。比如
"妈"和"吗"的声旁都是"马"，但形旁不同，所以意义也不一样。

🔑 문법 Tip!

❶ '有……历史'는 '역사가 ~이다'라는 의미로 회화에서는 문장 끝에 了를 넣을 수 있다.
❷ '起源于……'는 '~에(서) 기원하다'의 의미이다.
❸ 被는 피동문으로 동작을 하는 대상을 이끌어 내며 앞에 있는 주어는 동작의 수동 대상이다. 被자 문형은 '被＋명사＋동사구'의 구조로 이루어진다.
❹ 那可不行은 회화에서 자주 사용하는 표현으로 '그렇게 하면 절대 안 돼'의 의미이다.
❺ '동사＋着＋동사' 구조로 연동형식을 이루며 두 동작이 동시에 진행되는 것을 나타낸다.
❻ 再는 하나의 동작이 중복되어 더해지는 의미를 표현한다.

👄 발음 Tip!

❶ 在中国啊，"伞"可是一件不受欢迎的礼物
　 伞可는 3성이 연속적으로 출현하므로 2성 3성으로 발음한다.
❷ 散은 '흩어지다'의 의미일 때는 sàn 4성으로, '느슨하다'의 의미일 때는 sǎn 3성으로 발음한다.
　 散步 sànbù 산책하다　　　　松散 sōngsǎn 느슨해지다
　 扩散 kuòsàn 확산　　　　　散客 sǎnkè 개별 손님

본문② 대화하기

한자를 주제로 한 대화입니다. 뜻을 생각하며 읽어 보세요.

MP3 10-03

韩雪　　小敏，下周是我姐姐的生日，我想给她准备一件礼物呢。

崔智敏　最近天气不好，一直下雨，给她送一把漂亮的雨伞吧。

高朋　　那可不行❹，在中国啊，"伞"可是一件不受欢迎的礼物。

韩雪　　是啊，因为"伞"和"散"的发音一样。

朴明浩　难怪中国人说"梨"不能分着❺吃，因为"分梨"和"分离"的发音一样。

崔智敏　明浩知道得还挺多啊！

朴明浩　我对汉字很感兴趣，因为很多中国文化都跟汉字的发音有关系呢。

高朋　　那你再举两个例子给我们听听。

朴明浩　再❻比如春节时中国人倒贴"福"字，表示"福到了!"民间年画中出现的"莲花"和"鱼"表示"连年有余"。

韩雪　　哇！你这个学期的汉字课学了不少东西啊！

본문에 나온 새 단어입니다. 글자, 한어병음, 뜻을 모두 익히세요.　MP3 10-04

□ 汉字 Hànzì 몡 한자

□ 起源 qǐyuán 통 기원하다　몡 기원

□ 于 yú 젠 ~에서, ~로부터

□ 图画 túhuà 몡 그림

□ 象形 xiàngxíng 몡 상형

□ 文字 wénzì 몡 문자

□ 被 bèi 젠 (~에게) ~당하다

□ 龟甲 guījiǎ 몡 거북의 껍데기

□ 或者 huòzhě 젭 ~이거나

□ 兽骨 shòu gǔ 몡 짐승의 뼈

□ 幅 fú 양 그림을 헤아리는 단위

□ 太阳 tàiyáng 몡 태양

□ 月亮 yuèliang 몡 달

□ 造字 zàozì 통 글자를 만들다

□ 形声字 xíngshēngzì 몡 형성자

□ 形旁 xíngpáng 몡 형방[형성자에서 뜻을 나타내는 부분]

□ 意义 yìyì 몡 의미, 의의

□ 声旁 shēngpáng 몡 성방[형성자에서 음을 나타내는 부분]

□ 读音 dúyīn 몡 독음, 글자의 발음

□ 把 bǎ 양 자루가 있는 물건을 세는 단위

□ 雨伞 yǔsǎn 몡 우산

□ 发音 fāyīn 몡 발음　통 소리를 내다

□ 散 sǎn 몡 느슨해지다, 흩어지다

□ 梨 lí 몡 배

□ 分 fēn 통 나누다

□ 分离 fēnlí 통 분리하다

□ 举 jǔ 통 (예, 물건 따위를) 들다

□ 例子 lìzi 몡 예

□ 倒 dào 뷔 거꾸로

□ 年画 niánhuà 몡 세화, 설날 실내에 붙이는 그림

□ 莲花 liánhuā 몡 연꽃

□ 鱼 yú 몡 물고기

□ 连年 liánnián 통 여러 해 이어지다

□ 有余 yǒuyú 통 여유가 있다

배워 봐요!

중급 단계에서 꼭 필요한 주요 문법입니다. 반복하여 학습하세요.

01 中国人使用的汉字已经有几千年的历史了 MP3 10-05

• 이 집은 적어도 역사가 백 년은 넘었어.	这个房子至少有上百年的历史了。
• 이 회사는 역사가 이미 곧 200년이야.	这家公司已经有快两百年的历史了。
• 그들 이 가문은 이미 150년의 역사를 가지고 있어.	他们这个家族已经有150年的历史了。
• 너는 이 잔이 얼마나 오랜 역사를 갖고 있는지 알아?	你知道这个杯子有多久的历史了吗?

'有……(的)历史'는 '역사가 ~이다'라는 표현으로 사용한다. 회화에서는 문장 끝에 了를 넣을 수 있고, 문어체일 경우에는 了를 생략할 수 있다.

단어 至少 zhìshǎo 图 적어도, 최소한 | 家族 jiāzú 图 가족, 가문

02 汉字最早起源于图画 MP3 10-06

• 이런 운동은 유럽에서 기원하였다.	这种运动起源于欧洲。
• 이런 문화는 민간에서 기원하였다.	这种文化起源于民间。
• 마라탕은 충칭의 전통 먹거리에서 기원하였다.	麻辣烫起源于重庆的传统特色小吃。
• 그들의 이런 신앙은 아마도 일종의 동물에서 기원하였을 것이다.	他们的这种信仰可能起源于一种动物。

'起源于……'는 '기원하다'의 起源과 '~에, ~에서'라는 뜻의 于가 결합한 형식으로 '~에(서) 기원하다'의 의미이다.

단어 信仰 xìnyǎng 图 신앙

03 它们被写在龟甲或者兽骨上 MP3 10-07

- 내 휴대전화 그 사람이 망가뜨렸어.
- 샤오장은 사람들로부터 한 차례 혼났어.
- 나는 막 나왔다가 또 그 사람이 불러서 돌아왔어.
- 나는 정말 그 책을 빌리고 싶었지만 다른 사람이 빌려가 버렸어.

我的手机被他弄坏了。

小张被大家批评了一顿。

我刚出门又被他叫了回来。

我特别想借那本书，但被人借走了。

被는 피동문에 사용되는 전치사로, 동작을 하는 대상을 이끌어 내며 앞에 있는 주어는 동작의 수동 대상이다. 동사의 뒤에는 대부분 완성이나 결과를 나타내는 단어이거나 동사 자체가 이러한 성분을 포함한다. 被자 문형은 '被＋명사＋동사구'의 구조로 이루어진다.

04 那可不行 MP3 10-08

- Ⓐ 나 내일 퇴원하려고 해.
  Ⓑ 그건 절대 안 돼, 의사가 이틀 더 입원하라고 말했어.
- Ⓐ 지난번에 너에게 빌려준 돈 돌려줄 필요 없어.
  Ⓑ 그건 절대 안 돼. 빌렸으면 갚아야 또 빌리기 어렵지 않지.

我明天就要出院。

那可不行，医生说了还要住两天。

上次借你的钱不用还了。

那可不行，有借有还，再借不难。

那可不行은 회화에서 자주 사용하는 표현으로 '그렇게 하면 절대 안 돼'라는 의미이다.

05 难怪中国人说"梨"不能分着吃 🎧 MP3 10-09

- 이 케이크 잘라서 나눠 먹자.
- 나는 불 켜 놓은 채로 자는 걸 좋아해.
- 우리 서서 마시자, 지금 자리가 없어.
- 너 누워서 책 보지 마, 눈에 안 좋아.

把这个蛋糕切开，分着吃吧。

我喜欢开着灯睡觉。

咱们站着喝吧，现在没座位。

你别躺着看书，对眼睛不好。

'동사+着+동사' 구조로 연동형식을 이룬다. 이때 앞에 있는 동사는 대부분 단음절 동작동사이고, 어떤 때는 뒤에 위치한 동사를 중첩할 수 있다. 이때 동작이 동시에 진행되는 것을 나타낸다.

06 再比如春节时中国人倒贴"福"字 🎧 MP3 10-10

- 우리들에게 또 예를 들어 봐.
- 한 그릇 더 먹어, 너 너무 적게 먹었어.
- 너 몇 군데 더 가 보면 더 좋을 거야.
- 너 음식 두 개 더 시켜, 난 부족한 것 같아.

再给我们举个例子吧。

再吃一碗吧，你吃得太少了。

你再多去几个地方就更好了。

你再点两个菜吧，我觉得不够。

再는 하나의 동작이 중복되어 더해지는 의미를 표현한다.

단어를 교체하며 문형을 익히는 연습입니다. 반복하여 읽어 보세요.

1

① ② ③ ④ ⑤ 🎧 MP3 10-11

这所学校至少有上百年的历史了。

你知道这个杯子有多久的历史了吗?

他们这个家族已经有150年的历史了。

这家大公司已经有快一百年的历史了。

이 나라는 유구한 역사를 가지고 있어.

이 나무는 이미 역사가 몇백 년 되었어.

이 작은 마을은 1400여 년의 역사가 있어.

이 골동품은 수천 년의 역사를 가지고 있어.

2

① ② ③ ④ ⑤ 🎧 MP3 10-12

我的钱包被偷了。

我被老师叫出来了。

他的手机被弟弟弄坏了。

我特别想借那本书，但被人借走了。

내 옷은 여동생이 더럽혔어.

내 책은 그 사람이 잃어버렸어.

그 사람 오늘 또 선생님한테 한 차례 혼났어.

내가 만든 음식 모두 그 사람이 다 먹어버렸어.

단어 棵 kē 몡 그루, 포기 | 镇 zhèn 몡 마을, 행정단위

단어 偷 tōu 동 훔치다, 도둑질하다

3

⏱ [1] [2] [3] [4] [5] 🎧 MP3 10-13

他笑着给我打了个招呼。

咱们站着喝吧，现在没座位。

你别躺着看书，对眼睛不好。

你坐着说就行，不用站起来。

너 불 켜고 잠자지 마.

일이 너무 많으니까 우리 나눠서 하자!

그 사람은 너무 괴로워서 울면서 떠났다.

그 사람은 웃으면서 "오랜만이야!"라고
말했다.

4

⏱ [1] [2] [3] [4] [5] 🎧 MP3 10-14

再聊一会儿吧，还早呢。

再吃一碗吧，你吃得太少了。

你再等一会儿，马上就好了。

你再点两个菜吧，我觉得不够。

나한테 시간을 좀 더 줘.

너 커피 두 잔 더 사, 이것들로는 부족해.

국수 한 그릇 더 주문해, 나 아직 배 안 불러.

중국 친구를 몇 명 더 많이 사귈 수 있으면
좋겠어.

단어 打招呼 dǎ zhāohu 동 인사를 하다 | 活儿 huór 명 일

본문을 응용한 회화 연습입니다. 뜻을 생각하며 읽어 보세요.

🎧 MP3 10-15

1

A 听说中国人送水果时经常送苹果，对吗?
Tīngshuō Zhōngguó rén sòng shuǐguǒ shí jīngcháng sòng píngguǒ, duì ma?

B 是的。因为"苹果"的"苹"和"平安"的"平"谐音。
Shì de. Yīnwèi "píngguǒ" de "píng" hé "píng'ān" de "píng" xiéyīn.

○ 중국인들은 해음
관계를 매우 잘
활용합니다.

2

A 除了"日"和"月"，汉字中还有哪些字是象形字啊?
Chúle "rì" hé "yuè", Hànzì zhōng hái yǒu nǎxiē zì shì xiàngxíngzì a?

B 比如说"人"啊"口"啊"手"啊，这些也都是象形字。
Bǐrú shuō "rén" a "kǒu" a "shǒu" a, zhèxiē yě dōu shì xiàngxíngzì.

○ 한자 중 상형자의
비율은 많지 않아요.

3

A 现在中国年轻人说的"1314"是什么意思啊?
Xiànzài Zhōngguó niánqīng rén shuō de "yī sān yī sì" shì shénme yìsi a?

B 是"一生一世"的意思。
Shì "yìshēng yíshì" de yìsi.

4

A 给中国人送礼物时，绝对不能送钟。
Gěi Zhōngguó rén sòng lǐwù shí, juéduì bù néng sòng zhōng.

B 是因为"送钟"和"送终"发音一样吧?
Shì yīnwèi "sòng zhōng" hé "sòngzhōng" fāyīn yíyàng ba?

○ 不能은 '~해서는
안 돼'의 의미로 금
지를 나타냅니다.

단어 平安 píng'ān 휑 평안하다 | 钟 zhōng 명 시계 | 送终 sòngzhōng 동 장례를 치르다

한자와 관련한 표현입니다. 알맞은 상황에서 잘 활용해 보세요. MP3 10-16

有的汉字笔划很多。
Yǒu de Hànzì bǐhuà hěn duō.

어떤 한자는 필획이 많아.

写汉字的时候，笔顺很重要。
Xiě Hànzì de shíhou, bǐshùn hěn zhòngyào.

한자 쓸 때는 필순이 중요해.

这种旅游指南有简体字的，也有繁体字的。
Zhè zhǒng lǚyóu zhǐnán yǒu jiǎntǐzì de, yě yǒu fántǐzì de.

이런 관광 안내는 간체자로 된 것도 있고, 번체자로 된 것도 있어.

汉语的谐音巧妙地应用了音同而义不同的汉字。
Hànyǔ de xiéyīn qiǎomiào de yìngyòngle yīn tóng ér yì bùtóng de Hànzì.

중국어의 해음은 소리가 같고 뜻이 다른 한자를 잘 응용했어.

汉字"休"是由"人"和"木"组成的，表示人靠在树边休息。
Hànzì "xiū" shì yóu "rén" hé "mù" zǔchéng de, biǎoshì rén kàozài shù biān xiūxi.

한자 '휴'는 '인'과 '목'으로 구성되었고, 사람이 나무 옆에서 쉬는 것을 나타내고 있어.

陕西特产"Biangbiang面"的"biang"字怎么写，你们知道吗？
Shǎnxī tèchǎn "biángbiáng miàn" de "biáng" zì zěnme xiě, nǐmen zhīdào ma?

산시성의 유명한 음식인 'Biangbiang면'의 'biang' 자는 어떻게 쓰는지 너희들 알아?

자주 활용할 수 있는 문장입니다. 100문장 암기를 목표로 외워 보세요.

MP3 10-17

91 中国人使用的汉字已经有几千年的历史了。

92 汉字最早起源于图画，也就是象形文字。

93 它们被写在龟甲或者兽骨上。

94 那可不行，在中国啊，"伞"可是一件不受欢迎的礼物。

95 难怪中国人说"梨"不能分着吃，因为"分梨"和"分离"的发音一样。

96 我对汉字很感兴趣。

97 很多中国文化都跟汉字的发音有关系呢。

98 那你再举两个例子给我们听听。

99 再比如春节时中国人倒贴"福"字，表示"福到了!"

100 你这个学期的汉字课学了不少东西啊!

벌써 100문장이 술술!

91	92	93	94	95	96	97	98	99	100
✓									

猜字谜 수수께끼 풀어 보세요

1. 一人一张口，口下长只手（打一字）

2. 一口吃掉牛尾巴（打一字）

3. 一加一（打一字）

4. 一夜又一夜（打一字）

5. 半个月亮（打一字）

6. 有两个动物，一个在水里，一个在山上（打一字）

7. 一百减一（打一字）

8. 一个人搬两个土（打一字）

9. 一家十一口（打一字）

10. 两人肩并肩，站在土上边（打一字）

1.拿　2.告　3.王　4.多　5.胖　6.鲜　7.白　8.佳　9.吉　10.坐

06~10

复习 2

- 핵심 문형
- 说一说
- 听一听
- 读一读
- 写一写

06
A: 听说中国人特别不喜欢"四",特别喜欢"八"。
B: 没错,人们挑选车牌号和手机号的时候都会避开"四"。
A: 那你到底换了个什么手机号啊?"8888"?
B: 前面的没变,尾数是"8899"。

07
A: 你这条项链儿真漂亮,是一只小猪呢!
B: 是啊,今年是猪年,我又是属猪的,所以妈妈给我买了一条红绳子的"小猪项链"。
A: 原来今年是你的本命年啊!
C: 十二生肖,十二年一个轮回,那你今年是二十四岁吧?

08
A: 说说你最喜欢吃什么中国菜。
B: 我呀,大到"满汉全席",小到清炒土豆丝儿,没有不喜欢的。
A: 我的天啊,你简直都快成一个中国人了!
B: 不光是吃,我还想试着在家里做一做中国菜呢!

09
A: 你喜欢喝茶吗?
B: 喜欢啊!我最喜欢靠在沙发上,一边喝茶,一边看书。
A: 真会享受生活啊!我听说北京有不少老茶馆儿,是吗?
B: 是啊,比如说"老舍茶馆"就非常有名。

10
A: 下周是我姐姐的生日,我想给她准备一件礼物呢。
B: 最近天气不好,一直下雨,给她送一把漂亮的雨伞吧。
A: 那可不行,在中国啊,"伞"可是一件不受欢迎的礼物。因为"伞"和"散"的发音一样。
B: 难怪中国人说"梨"不能分着吃,因为"分梨"和"分离"的发音一样。

说一说

다음 그림을 보고 상황에 어울리게 대화를 만들어 보세요.

1.

A : _____

B : _____

A : _____

B : _____

2.

A : _____

B : _____

A : _____

B : _____

3.

A : _____

B : _____

A : _____

B : _____

4.

A : _____

B : _____

A : _____

B : _____

5.

A : _____

B : _____

A : _____

B : _____

녹음을 듣고 (1)의 질문에 맞으면 O, 틀리면 X를, (2)의 질문에 알맞은 답을 고르고, (3)의 질문에 중국어로 답하세요.

1. (1) 判断对错：男的在选手机号。　　　　　　　（　　）

   (2) 男的喜欢数字"2"的理由中不正确的是：　　（　　）

   　　A "2" 是车牌号　　　　　　B "2" 是他的幸运数字
   　　C 他的生日是2月22号　　　D "2" 能给他带来好运气

   (3) 问：女的手机号里为什么有两个"6"？

   　　答：_____

   단어 幸运 xìngyùn 형 운이 좋다 명 행운

2. (1) 判断对错：女的比男的小一岁。　　　　　　　（　　）

   (2) 根据听到的内容，从下面选出不正确的一项：（　　）

   　　A 今年是狗年　　　　　　　　B 今年是猪年
   　　C 父母们觉得"猪宝宝"有福气　D 今年是女的的本命年

   (3) 问：为什么很多父母想生个"龙宝宝"？

   　　答：_____

3. (1) 判断对错：北方人和南方人的饮食习惯不同。（　　）

   (2) 中国饮食中，女的最爱吃的是：　　　　　　　（　　）

   　　A 馒头　　B 包子　　C 面条　　D 饺子

   (3) 问：为什么北方人做饺子做得很好？

   　　答：_____

4. (1) 判断对错：送礼的时候，中国人很喜欢送绿茶。（　　）

   (2) 根据听到的内容，从下面选出不正确的一项：（　　）

   　　A 中国茶的种类很多　　　　　B 中国人觉得喝茶可以解渴
   　　C 中国人觉得以茶代礼不好　　D 中国人觉得喝茶是一种享受

   (3) 问：为什么他们觉得中国人的生活离不开"茶"？

   　　答：_____

   单어 解渴 jiěkě 图 갈증을 풀다

5. (1) 判断对错：学汉语时，女的觉得最难的是汉字。（　　）

   (2) 汉字里最多的是：　　　　　　　　　　　（　　）

   　　A 象形字　　B 指事字　　C 会意字　　D 形声字

   (3) 问：他们觉得学汉字有什么小窍门儿？

   　　答：_____

   单어 指事字 zhǐshìzì 图 지사자 | 会意字 huìyìzì 图 회의자

读一读

다음 글을 읽고 해석해 보세요.

1.　　　中国人很喜欢红色，有人说是因为中国人祖先崇拜火，有人说是因为中国人祖先崇拜太阳。不管怎么说，现在的中国人一般都认为红色是一种喜庆的颜色。从建筑到衣食住行，从结婚到佳节庆典，红色从未缺席。中国人喜欢红色，在语言中也有所表现。比如说"网红"说的是网上受欢迎的人，"红红火火"说的是生意兴隆。另外，中国人对数字也有特别的喜好。因为很多数字和汉字的发音相同，因此中国人对那些特殊的数字也会有特殊的感情。比如说中国人认为数字"9"和"久"谐音，因此为了表达天长地久，就会选择"9"这个数字。

2.　　　今天是我二十四岁的生日，今年是蛇年，我属蛇，所以今年也是我的本命年。我的中国朋友为了庆祝我的生日，亲自下厨给我做了好几个中国菜。我还收到了一件很特别的礼物，那就是一条红色的围巾。朋友们说，本命年带上它能给我带来好运。下午，我们去了一家有名的老茶馆儿，那家茶馆儿古香古色、京味儿十足。在茶馆里，我们品尝到了地道的中国茶，还观赏了精彩的茶艺表演。对中国人来说，茶馆儿是一个品茶、消遣和交际的好地方；对外国人来说，茶馆儿是一个体验到中国文化的好地方。可以说，今年我在中国度过了一个难忘的生日。

단어 祖先 zǔxiān 몡 선조 | 崇拜 chóngbài 통 숭배하다 | 佳节 jiājié 몡 명절 | 庆典 qìngdiǎn 몡 축제 | 缺席 quēxí 통 빠지다 | 表现 biǎoxiàn 통 표현하다 | 网红 wǎnghóng 몡 인플루언서 | 兴隆 xīnglóng 혱 번창하다 | 另外 lìngwài 젭 그 밖에 | 下厨 xià chú 통 주방에서 요리하다 | 十足 shízú 혱 넘쳐 흐르다 | 观赏 guānshǎng 통 감상하다 | 茶艺 cháyì 몡 다도 | 表演 biǎoyǎn 몡 공연 | 消遣 xiāoqiǎn 통 시간을 보내다, 소일하다 | 交际 jiāojì 통 교류하다 몡 교류

다음 문장을 중국어와 한어병음으로 쓰세요.

1. 설령 좀 비싸더라도, 돈을 써서 좋은 함축된 의미를 사는 거지!

   C .... **P** ....

2. 이전에는 숫자가 그저 하나의 부호라고 생각했어.

   C .... **P** ....

3. 사실 사람마다 자기가 좋아하는 숫자가 있어.

   C .... **P** ....

4. 사람들은 이 특정한 숫자가 틀림없이 자신에게 행운을 가져다 줄 거라고 생각해.

   C .... **P** ....

5. 중국 사람은 12지 동물로 연도를 표현하는 것을 좋아해.

   C .... **P** ....

6. 올해가 네 띠의 해구나!

   C .... **P** ....

7. 12지는 12년마다 돌아와.

   C .... **P** ....

8. 로마에 가면 로마의 법을 따라야 하니까 내년에 나도 목걸이 하나 사서 내 띠 해를 보낼까 봐.

   C .... **P** ....

9. 모든 사람들의 입맛은 각자 서로 달라.

   C .... **P** ....

10. 크게는 만한전석부터 작게는 감자채볶음까지 좋아하지 않는 것이 없어.

   C .... **P** ....

11. 그 요리도 배울 게 있어?

   C _____   P _____

12. 토마토와 계란을 한곳에 넣고 볶으면 되는 것 아냐?

   C _____   P _____

13. 중국인이 차를 마시는 것은 말하는 바에 따르면 이미 그 역사가 4,700여 년이나 되었어.

   C _____   P _____

14. 지금까지 중국은 여전히 차로 예를 대신하는 풍습이 있다.

   C _____   P _____

15. 일부 사람들은 또 차 마시는 것을 일종의 즐거움으로 여긴다.

   C _____   P _____

16. 너 정말 생활을 즐길 줄 아는구나!

   C _____   P _____

17. 한자는 처음 그림에서 기원한 상형문자이다.

   C _____   P _____

18. 그것들은 거북이 배 껍질이나 짐승의 뼈에 쓰였다.

   C _____   P _____

19. 그건 절대 안 돼, 중국에서 '우산'은 정말 인기 없는 선물이야.

   C _____   P _____

20. 나는 한자에 흥미가 있어.

   C _____   P _____

부록

해석과 정답

01 春节
음력설

▶ 말해 봐요!

본문 ①

중국인에게 음력설은 1년 중 가장 중요한 전통 명절이다. 그것은 지난 1년의 마무리이자 또 새로운 한 해의 시작이 기도 하다. 음력설의 전날은 또 '섣달 그믐날'로, 사람들은 모두 집으로 돌아와 가족들과 한자리에 모여 즐겁게 식사를 한다. 누구든지 만약 '섣달그믐 밥'에 맞춰서 못 오면 모두 엄청 서운해할 것이다. 설을 쇨 때, 사람들은 또 집을 나서서 새해 인사를 하러 간다. 아이들은 어른들에게 새해 인사를 하고, 어른은 그들에게 덕담을 할 뿐만 아니라 세뱃돈도 준다.

> **한어병음**
>
> Duì Zhōngguó rén lái shuō, Chūnjié shì yì nián zhōng zuì zhòngyào de yí ge chuántǒng jiérì. Tā jì shì jiù de yì nián de jiéshù, yòu shì xīn de yì nián de kāishǐ. Chūnjié de qián yì tiān, yě jiù shì "dànián sānshí", rénmen dōu yào huídào jiālǐ hé jiārén tuánjù, gāogao xìngxìng de chī yí dùn tuányuánfàn. Bùguǎn shì shéi, rúguǒ méi gǎnshàng zhè dùn "niányèfàn", dōu huì juéde fēicháng yíhàn. Guònián shí, rénmen hái huì chūmén qù bàinián. Háizimen gěi zhǎngbèi bàinián, zhǎngbèi búdàn huì duì tāmen shuō yìxiē jílì de huà, hái huì gěi tāmen fā yāsuìqián ne.

본문 ②

가오펑 　한쉐, 올해 음력설에는 너희 집 저녁 식사 어떻게 먹을 계획이야?

한쉐 　우리 집은 올해 식당에 '섣달그믐 밥'을 예약하려고 해.

최지민 　와, 정말 좋은 방법이네! 한국에서 음력설 그 며칠 동안 식당 주인들이 모두 고향으로 설 쇠러 가기 때문에 밥 먹을 곳을 찾고 싶어도 쉽지 않아.

박명호 　맞아, '섣달그믐 밥'은 더 말할 것도 없어!

가오펑 　너희들도 '섣달그믐 밥' 먹어?

박명호 　'섣달그믐 밥'과 비교하면, 우리는 정월 초하루의 아침 식사를 더 중요하게 생각해.

최지민 　주부들은 보통 '섣달그믐' 그날에 음식을 미리 다 준비하고, 정월 초하루 아침에 온 가족이 모여서 함께 먹어.

가오펑 　그렇구나. 어릴 때, 나는 설 쇠는 것을 정말 좋아했어. 설 쇨 때 세뱃돈도 받게 되고, 폭죽도 터뜨릴 수 있어서 정말 재미있거든!

박명호 　요즘은 많은 대도시에서 폭죽 터뜨리는 것을 금지하고 있다고 들었어.

한쉐 　그러게 말이야. 그래서 요즘은 '설 분위기'도 예전만큼 그렇게 물씬 풍기지는 않아.

> **한어병음**
>
> 高朋 　Xiǎoxuě, jīnnián Chūnjié, nǐmen jiā de tuányuánfàn dǎsuàn zěnme chī a?
>
> 韩雪 　Wǒmen jiā a, jīnnián xiǎng qù cāntīng dìng ge "niányèfàn".
>
> 崔智敏 　Wà, zhēn shì ge hǎo bànfǎ a! Zài Hánguó, Chūnjié nà jǐ tiān, cāntīng de lǎobǎn quándōu huí jiā guònián qù le, xiǎng zhǎo ge chī fàn de dìfang dōu bù róngyì ne.
>
> 朴明浩 　Shì a, gèng biéshuō chī "niányèfàn" le!
>
> 高朋 　Nǐmen yě chī "niányèfàn" ma?
>
> 朴明浩 　Gēn "niányèfàn" bǐ qǐlai, wǒmen gèng zhòngshì dànián chūyī de zǎofàn.
>
> 崔智敏 　Zhǔfùmen yìbān huì zài "dànián sānshí" nà yì tiān bǎ cài tíqián zuò hǎo, ránhòu dànián chūyī de zǎoshang, quán jiārén huì jùzài yìqǐ chī yí dùn tuányuánfàn.
>
> 高朋 　Míngbai le. Xiǎo shíhou, wǒ kě xǐhuan guònián le, yīnwèi guònián búdàn kěyǐ nádào yāsuìqián, hái kěyǐ fàng yānhuā, tèbié yǒu yìsi!
>
> 朴明浩 　Xiànzài tīngshuō bù shǎo dà chéngshì dōu jìnzhǐ fàng yānhuā le.
>
> 韩雪 　Kěbù, suǒyǐ xiànzài "nián wèir" yě méi yǐqián nàme nóng le.

▶ 연습해 봐요!

1 그 사람한테는 발음이 비교적 어려워.

　나한테는 한자 쓰는 것이 비교적 어려워.

　그 사람한테 이것은 매우 쉬운 일이야.

　아이들한테는 여기가 재미있는 곳이야.

对学生来说，这是一个好消息。

对他来说，这次考试很重要。

对老年人来说，这是一个很好的休闲方式。

对我来说，做菜是一件很有意思的事情。

2 다른 사람들이 어떻게 말하든, 나는 개의치 않아.

비가 오든지 안 오든지 나는 등산하러 가려고 해.

그 사람이 즐거워하든지 말든지, 너는 그 사람에게 알려 줘야 해.

그 사람들이 하는 말이 맞든 틀리든, 우리는 귀담아들어야 해.

不管你什么时候来，我都欢迎。

不管结果怎么样，我都会接受。

不管他怎么说，我都不会生气。

不管你们怎么想，我都会去见他。

3 나는 차 탈 때마다 멀미를 하는데, 운전은 더 말할 것도 없지.

나는 중국어 노래도 못 부르는데, 영어 노래는 더 말할 필요도 없지.

최근에 영화 볼 시간조차도 없는데, 여행 가는 것은 더 말할 것도 없지.

요즘 밥 먹을 시간조차도 없는데, 친구 만나러 가는 것은 더 말할 것도 없지.

他没去过商店，更别说市场了。

他连方便面都不会煮，更别说做菜了。

天气好的时候都不去，更别说下雨天了。

一般的公司都不好找，更别说大企业了。

4 이 집 커피는 저 집만큼 맛있지 않아.

이 집 볶음밥은 저 집만큼 맛있지 않아.

지금은 좋은 기회가 이전만큼 그렇게 많지 않아졌어.

지금의 유학생은 이전만큼 그렇게 많지 않아.

弟弟的个子没有哥哥高。

他没有我吃得多。

中秋节没有春节那么热闹。

我写的汉字没有他写的那么好看。

▶ **물고 답해 봐요!**

1 A 올해 '섣달그믐 밥'은 너희들 어디 가서 먹을 예정이야?

B 우리는 할머니 댁에 가서 함께 모일 예정이야.

2 A 설 쇨 때 너희들은 보통 뭘 해?

B 우리는 보통 친척 집에 가서 새해 인사를 해.

3 A 얘들아, 세뱃돈이야!

B 할아버지 감사합니다. 새해 복 많이 받으세요! 건강하세요!

4 A 아무리 바빠도 시간 맞춰 돌아가서 '섣달그믐 밥'을 먹어야 해!

B 그래, 모두 너를 기다리고 있어!

▶ **외워 봐요!**

1 중국인에게 음력설은 1년 중 가장 중요한 전통 명절이다.

2 그것은 지난 1년의 마무리이자 또 새로운 한 해의 시작이기도 해.

3 어떤 일을 하든지 열심히 해야 해.

4 만약 '섣달그믐 밥'에 맞춰서 못 오면 모두 엄청 서운해할 거야.

5 식사할 곳을 찾고 싶어도 쉽지 않아.

6 '섣달그믐 밥'은 더 말할 것도 없어!

7 '섣달그믐 밥'과 비교하면, 우리는 정월 초하루의 아침 식사를 더 중요하게 생각해.

8 정월 초하루 아침에 온 가족이 모여서 함께 먹어.

9 요즘은 많은 대도시에서 폭죽 터뜨리는 것을 금지하고 있다고 들었어.

10 요즘은 '설 분위기'도 예전만큼 그렇게 물씬 풍기지는 않아.

02 小吃
먹거리

▶ **말해 봐요!**

본문 ①

중국 음식은 주식 외에 특별한 먹거리도 빼놓을 수 없는 구성 부분이다. 모든 지역마다 자신만의 독특한 먹거리가 있어서 여행 갈 때 우리는 현지의 먹거리를 맛볼 수 있는데, 이 먹거리가 현지의 음식 문화를 대표하고 있기 때문이다. 베이징의 왕푸징, 상하이의 청황묘는 각종 서로 다른 특색의 먹거리가 있어서 관광객의 환영을 받는다. 많은 사람들은 고향을 떠난 후 가장 그리워하는 것이 고향의 먹거리이다. 그 먹거리들은 배를 채워줄 수 있을 뿐만 아니라 또 일종의 고향의 맛을 갖고 있다.

본문 ②

가오펑 　하루 종일 공부했는데, 너희들 나랑 함께 야식 먹으러 가지 않을래?

최지민 　야식? 나 지금 전혀 배 안 고파.

한쉐 　중국 야식은 모두 간단한 음식이어서 입이 심심한 것을 없애려고 가는 거야.

가오펑 　그렇지, 그 야시장의 먹거리는 종류가 정말 많아서 한번 가 볼 만해!

한쉐 　민간 먹거리도 있고, 궁중 먹거리까지 있어. 우리 맛보러 가자!

박명호 　궁중 먹거리는 황제들이 좋아하던 먹거리야?

가오펑 　맞아, 틀림없이 너희를 실망시키지 않을 거야.

최지민 　그럼 민간 먹거리는 일반 서민들이 주로 먹던 거겠지?

박명호 　지민아 그만 묻고, 너 도대체 갈 거야 안 갈 거야?

최지민 　이렇게 맛있는 게 많은데 어떻게 안 갈 수가 있겠어!

박명호 　서둘러, 나도 기다릴 수가 없어, 얼른 가자!

▶ 연습해 봐요!

1 토요일 외에 일요일도 수업 들으러 가야 해.

나 외에, 내 남동생도 축구 팬이야.

그 사람을 제외하고 다른 친구들도 중국으로 유학 가고 싶어 해.

우리 집은 나 외에 우리 엄마도 중국 음식 먹는 걸 좋아하셔.

除了特色小吃，别的小吃也想尝尝。

除了他以外，我们也都没吃过北京烤鸭。

除了民间小吃，宫廷小吃也值得一尝。

我们家除了我姐姐，我弟弟也在学汉语。

2 그 일은 이미 한 주가 지났어.

아빠는 이미 여기에서 한 시간을 주무셨어.

나 한참동안 기다렸는데, 너 좀 빨리 할 수 없어?

우리는 한 시간 넘게 걸었는데 아직 도착하지 않은 것 같아.

我们已经学了六个月了。

我们聊了一个多小时了，该回家了。

他们看了三个多小时了，还没看完。

我在这儿等了三十分钟了，他怎么还没来啊?

3 내가 한 번 해볼게, 성공할 수 있을지도 몰라.

내가 불린 후에 네가 맛봐도 돼.

너 말해 봐 봐, 그 사람이 이렇게 하는 것이 도대체 맞는지 안 맞는지.

너 생각해 봐 봐, 그 사람이 어떻게 이런 곳에 오겠어.

大家有机会可以学学看。

你说说看，你这样做有什么好处？

你试试看，我觉得可能性很大。

你好好儿想想看，他这么说是什么意思。

4 너희들 도대체 사는 거야 안 사는 거야?

이것을 배우는 것이 도대체 무슨 소용이 있는 거야?

너 이렇게 말하는 것은 도대체 무슨 의미야?

도대체 무슨 일로 엄마가 이렇게 기분 좋은 거야?

你们到底想吃什么啊？

你知道他们到底在哪儿见面吗？

到底是谁的错，我也说不清楚。

我不知道他们到底想不想去。

▶ 묻고 답해 봐요!

1 A 베이징의 왕푸징에 너 가 본 적 있어?

　B 한 번 간 적 있어. 거기 특선 먹거리 정말 많으니까 한번 가 볼 만해.

2 A 중국에 온 후에, 네가 가장 그리워하는 고향 음식은 뭐야?

　B 사실 내가 가장 그리워하는 것은 엄마가 만든 음식이야.

3 A 학교 근처에 궁중 먹거리 가게가 새로 문 열었으니까 내가 너 데리고 출출한 것 해결해 줄게.

　B 잘 됐다. 나 마침 뭐 좀 먹고 배를 채우고 싶었어.

4 A 너 도대체 우리랑 함께 야식 먹으러 갈 거야 안 갈 거야?

　B 어떻게 안 갈 수 있겠어. 나 이미 배고파 죽을 것 같아.

▶ 외워 봐요!

11 중국 음식은 주식 외에 특별 먹거리도 빼놓을 수 없는 구성 부분이야.

12 각종 서로 다른 특색의 먹거리가 있어서 관광객의 환영을 받는다.

13 그 먹거리들은 배를 채워줄 수 있을 뿐만 아니라 또 일종의 고향의 맛을 갖고 있다.

14 하루 종일 공부했는데, 너희들 나랑 함께 야식 먹으러 가지 않을래?

15 나 지금 전혀 배 안 고파.

16 중국 야식은 모두 간단한 음식이어서 입이 심심한 것을 없애려고 가는 거야.

17 그 야시장의 먹거리는 종류가 정말 많아서 한번 가 볼 만해!

18 우리 모두 가서 맛보자!

19 너 도대체 갈 거야 안 갈 거야?

20 이렇게 맛있는 게 많은데 어떻게 안 갈 수 있겠어!

03 | 服饰
복식

▶ 말해 봐요!

본문 ①

이전에 중국 남자는 일반적으로 '창파오'나 '마고자'를 입었고, 민국 시기 때 '중산복'이 나오기 시작하였으며, 나중에 중국이 개방된 후 남자들은 '양복'을 입기 시작했다. 중국 여자들의 전통 복식을 말하자면, '치파오'를 언급하지 않을 수가 없다. 최초의 치파오는 중간에 허리가 들어가지 않았다. 후에 일부 한족 여성들이 이 의상에 허리를 잘록하게 개조하여 치파오가 또 더 예뻐졌다. 요즘 많은 외국인이 중국 문화에 흥미를 갖게 되면서 중국으로 여행 오는 어떤 사람은 치파오를 사 가서 기념하기도 한다.

> **한어병음**
>
> Hěnjiǔ yǐqián, Zhōngguó de nánrén yìbān dōu chuān "chángpáo" huò "mǎguàr", mínguó shíqī, kāishǐ chūxiànle "zhōngshānzhuāng", zài hòulái Zhōngguó kāifàng le, nánrénmen kāishǐ chuānqǐle "xīzhuāng". Shuōqǐ Zhōngguó nǚrén de chuántǒng fúshì, nà jiù bù néng bù tídào "qípáo" le. Zuìchū de qípáo zhōngjiān shì bù shōu yāo de. Hòulái yìxiē Hànzú nǚxìng duì zhè zhǒng fúshì jìnxíng shōu yāo de gǎizào, qípáo yě biàn de gèngjiā piàoliang le. Zuìjìn hěn duō wàiguórén duì Zhōngguó wénhuà hěn gǎn xìngqù, yǒu de rén lái Zhōngguó lǚxíng shí hái huì mǎishang yí jiàn qípáo huíqu zuò jìniàn ne.

본문 ②

최지민   한쉐, 너 다음 주 면접 간다며, 준비 어떻게 돼 가?

한쉐   거의 다 준비했는데, 다만 어떤 옷을 입어야 할지 아직 생각 못 했어.

최지민   회사는 어떤 특별한 요구 사항이 있어?

한쉐   이 회사는 IT 업종과 관련 있는 회사여서 아마도 개성을 비교적 중시할 거야.

최지민   만약 네가 중국식 치파오를 입고 가면, 개성이 넘칠 게 틀림없겠지?

한쉐   어떻게 그래? 화려한 원피스 입고 면접 가는 것은 별로 안 좋겠지?

최지민   그건 그렇지. 하지만 나는 정말 치파오 하나 사고 싶어.

한쉐   전통적인 것 아니면 개량한 것?

최지민   나는 너무 허리가 잘록한 것은 좋아하지 않아. 심플하고 좀 우아하면 돼.

한쉐   그럼 내가 너 데리고 개량 치파오 보러 가 줄게. 네가 틀림없이 좋아할 거야.

최지민   나 급하지 않아. 먼저 네 옷부터 사는 것이 좋을 것 같아.

한어병음

崔智敏   Xiǎoxuě, tīngshuō nǐ xià xīngqī yào qù cānjiā miànshì, zhǔnbèi de zěnmeyàng le?

韩雪   Zhǔnbèi de chàbuduō le, jiùshì chuān shénme yīfu hái méi xiǎnghǎo ne.

崔智敏   Gōngsī yǒu shénme tèbié de yāoqiú ma?

韩雪   Zhè shì yì jiā gēn IT hángyè yǒuguān de gōngsī, kěnéng huì bǐjiào zhùzhòng gèxìng.

崔智敏   Rúguǒ nǐ chuān yí jiàn zhōngshì de qípáo qù, yídìng huì hěn yǒu gèxìng ba?

韩雪   Nà zěnme xíng a? Chuān ge huāhuā de liányīqún qù miànshì, bú tài hǎo ba?

崔智敏   Nà dào yě shì. Búguò, wǒ hái zhēn tǐng xiǎng mǎi jiàn qípáo de ne.

韩雪   Chuántǒng de háishi gǎiliáng de?

崔智敏   Wǒ bù xǐhuan tài shōu yāo de, jiǎndān dàfang diǎnr de jiù xíng.

韩雪   Nà wǒ dài nǐ qù kànkan gǎiliáng de qípáo ba, nǐ kěndìng huì xǐhuan.

崔智敏   Wǒ bù zháojí, háishi xiān qù mǎi nǐ de yīfu ba.

▶ 연습해 봐요!

1   부모님 얘기를 하니까, 그녀는 울음을 참을 수가 없었어.

이 일을 말하면, 그 사람은 기분이 안 좋을 거야.

베이징을 말하면, 모두 자금성을 생각할 거야.

이 사람을 말하면, 모두 분명히 낯설지 않을 거야.

说起小时候的那些事情，大家都笑了起来。

说起首尔，我们就会想到景福宫。

说起这个孩子，爷爷、奶奶都觉得很骄傲。

说起中国的传统文化，那就不能不提到京剧。

2   식사할 때, 그 사람은 여러 차례 너를 언급했어.

이 일을 언급하면, 그는 바로 기분이 안 좋아질 거야.

그 사람들이 회의를 할 때, 판권 문제를 언급했어.

식사를 할 때, 그 사람은 재미있는 일 하나를 언급했어.

这本书提到了“男女平等”的问题。

提到这个问题，大家都很敏感。

昨天我们见面的时候，他还提到了这件事。

提到这个公司，大家可能都会觉得很好奇。

3   맛은 그런대로 괜찮은데 단지 가격이 좀 비싸.

다른 것은 모두 생각 다 했는데 어디에서 묵을지만 아직 생각 못했어.

중국어 공부하는 것은 정말 재미있는데 단지 좀 어려워.

다른 것은 모두 다 샀는데, 어떤 음료수를 사야 할지만 아직 생각 못 했어.

天气还不错，就是有点儿冷。

这本书挺有意思的，就是内容有点儿难。

别的都没问题，就是空气不太好。

别的都准备好了，就是题目还没想好。

4   내일은 틀림없이 비 안 올 거야.

걱정하지 마, 엄마는 분명히 동의하실 거야.

걱정하지 마, 그 사람은 틀림없이 너한테 허락해 줄 거야.

네가 이렇게 열심히 공부하니까 틀림없이 좋은 성적을 거둘 거야.

这次考试肯定不会容易。

他肯定会提出这些要求。

这么有意思的活动，他们肯定会感兴趣的。

我觉得他肯定不会让你失望。

▶ 묻고 답해 봐요!

1 A 이 치파오 너한테 선물할게!

   B 어떻게 그래! 네가 뒀다가 입어.

2 A 너희들은 보통 언제 한복 입어?

   B 설 쇨 때, 생일 때, 결혼식 갈 때, 많은 사람들이 한복을 입어.

3 A 이것은 내가 새로 산 양복인데 어때?

   B 입고 면접시험 갈 생각이야? 정말 괜찮은 것 같아.

4 A 이 원피스는 너무 화려해서, 너한테 안 어울리는 것 같아.

   B 응, 나도 좀 심플하고 고상한 걸 좋아해.

▶ 외워 봐요!

21 중국 여자들의 전통 복식을 말하자면, '치파오'를 언급하지 않을 수가 없어.

22 거의 다 준비했는데, 단지 어떤 옷을 입어야 할지 아직 생각 못 했어.

23 회사는 어떤 특별한 요구 사항이 있어?

24 이 회사는 개성을 비교적 중시할 거야.

25 어떻게 그래?

26 화려한 원피스를 입고 면접 가는 것은 별로 안 좋겠지?

27 그건 그렇지.

28 전통적인 것 아니면 개량한 것?

29 나는 너무 허리가 잘록한 것은 좋아하지 않아, 심플하고 좀 고상하면 돼.

30 그럼 내가 너 데리고 개량 치파오 보러 가 줄게, 네가 틀림없이 좋아할 거야.

04 胡同
후통

▶ 말해 봐요!

본문 ①

많은 외국인들은 베이징을 여행할 때, 첫 번째 생각하는 것이 바로 후통이다. 베이징의 후통이 보기에는 거의 비슷

하지만 사실 후통마다 자신만의 특징이 있다. 예를 들어 어떤 후통은 좁은데, 베이징 후통 중 가장 좁은 후통은 첸스후통으로 너비가 40cm밖에 되지 않아서 두 사람이 서로 만나면, 몸을 옆으로 돌려야만 지나갈 수 있다. 지우완 후통은 13개의 모퉁이가 있고, 베이징에서 가장 많이 모퉁이를 돌아야 하는 후통이다. 시간 있으면 인력거를 불러서 후통에서 돌아보는 것도 틀림없이 재미있을 것이다.

한어병음

Yǒu bù shǎo wàiguórén qù Běijīng lǚxíng shí, dì yī ge xiǎngdào de jiùshì hútòng. Běijīng de hútòng kàn qǐlai dōu chàbuduō, dàn qíshí měi tiáo hútòng dōu yǒu zìjǐ de tèdiǎn. Bǐrú shuō yǒude hútòng hěn zhǎi, Běijīng hútòng zhōng zuì zhǎi de yì tiáo hútòng—Qiánshì Hútòng, zhǐyǒu sìshí límǐ kuān, liǎng ge rén xiāngyù shí, děi cèzhe shēnzi cái néng guòqu. Jiǔwān Hútòng yǒu shísān dào wānr, shì Běijīng guǎi wānr guǎi de zuì duō de yì tiáo hútòng. Yǒu shíjiān dehuà, jiàoshang yí liàng rénlì sānlúnchē, zài hútòng lǐ zhuànzhuan, yídìng huì hěn yǒu yìsi.

본문 ②

최지민 가오펑, 네가 말한 그 사합원은 도대체 어느 후통에 있는 거야?

가오펑 동쪽으로 쭉 걸어가다 세 번째 길목에서 북쪽으로 돌면 바로야.

최지민 무슨 동, 남, 서, 북 하는 것을 나는 잘 구분 못 하겠어. 너희 베이징 사람들은 길을 가리킬 때, 왼쪽이나 오른쪽은 잘 말하지 않고 오직 동남서북으로 말하는 것만 좋아하더라.

가오펑 이것은 네가 이해 못 하는 거야. 베이징은 남쪽에서 북쪽까지 중앙선이 있어. 자금성은 바로 이 중앙선의 중심 위치에 있어서 전체 도시의 동서남북이 분명하게 구분되어 있어.

최지민 원래 그런 거였구나. 현대 베이징 도시에 또 이렇게 많은 후통이 있을 줄은 생각을 못 했어.

가오펑 큰일 났다! 여기 전부 변해 버렸어! 나 그 사합원 또 정말 찾을 수가 없게 되었어!

최지민 많은 후통이 모두 변한 거야?

가오펑 찾았다, 너 어서 봐, 이곳이 바로 내가 너를 데리고 와서 보여 주고 싶었던 그 사합원이야!

한어병음

崔智敏　Gāo Péng, nǐ shuō de nà jiā sìhéyuàn dàodǐ zài nǎ tiáo hútòng lǐ a?

高朋　Yìzhí wǎng dōng zǒu, dào dì sān ge lùkǒu wǎng běi yì guǎi jiùshì le.

崔智敏　Shénme dōng a nán a　xī a běi de, wǒ fēn bu qīngchu. Nǐmen Běijīng rén a, zhǐ lù hěn shǎo shuō zuǒ huò yòu, jiù xǐhuan shuō dōng nán xī běi.

高朋　Zhè nǐ jiù bù dǒng le, Běijīng cóng nán dào běi yǒu yì tiáo zhōngzhóuxiàn, Gùgōng jiù zài zhè tiáo zhōngzhóuxiàn de zhōngxīn wèizhì, zhěng ge chéngshì dōng xī nán běi fēn de kě qīngchu le.

崔智敏　Yuánlái shì zhèyàng a. Méi xiǎngdào xiàndài de Běijīng chéng hái yǒu zhème duō de hútòng!

高朋　Zāo le! Zhèr quán biànyàngr le! Wǒ hái zhēn zhǎo bu zháo nà jiā sìhéyuàn le!

崔智敏　Shì bu shì hěn duō hútòng dōu biànyàng le?

高朋　Zhǎodào le, nǐ kuài kàn, zhè jiùshì wǒ xiǎng dài nǐ lái kàn de nà jiā sìhéyuàn!

▶ 연습해 봐요!

1 예를 들어 말하자면, 이런 휴대전화는 인기가 많아.

예를 들어 말하자면, 이런 컴퓨터는 잘 팔려.

예를 들어 말하자면, 올여름은 특별히 더운 것은 아니었어.

놀기 좋은 곳이 많아, 예를 들어 말하자면 코리아랜드는 정말 재미있어.

比如说这两个学生，就很听话。

中国有很多大城市，比如说北京、上海等等。

韩国有很多名胜古迹，比如说景福宫、德寿宫等等。

这儿有很多特色小吃，比如说天津包子、羊肉串等等。

2 여권, 휴대전화 등등, 너 모두 잊어버리지 마.

텔레비전, 영화 등등, 나는 모두 별로 보지 않아.

사과, 포도 등등, 이런 과일 나는 모두 좋아해.

무슨 베이징대학, 칭화대학, 이런 것들은 모두 중국의 유명 대학이야.

什么足球啊篮球啊这些运动，我都很喜欢。

我对电脑啊手机啊什么的，都不感兴趣。

什么宫廷小吃啊民间小吃啊，我都想尝尝。

什么长袍啊马褂儿啊，这些都是中国男人的传统服装。

3 날이 밝자마자 우리들은 떠나.

네가 나가면, 바로 찾을 수 있어.

나는 듣자마자 그 사람이 어디 사람인지 알아.

보면 바로 알아, 그 사람은 좋은 학생이 틀림없어.

爸爸一躺下就睡着了。

他一说，我就明白了。

我一到中国就给你打电话。

你上网一搜，就能找到。

4 나는 미국을 가고 싶지 않고, 중국만 가고 싶어.

그 사람은 다른 것은 모두 안 좋아하고, 볶음밥만 좋아해.

그 사람은 아무것도 먹고 싶지 않고, 조금 쉬고만 싶어해.

나는 지금 아무 곳도 가고 싶지 않고, 집에만 있고 싶어.

我就去过中国。

他就会写几个汉字。

你哪儿都别去，就在这儿等着。

别的我都不会，就会说"你好"。

▶ 묻고 답해 봐요!

1 A 내가 이번에 베이징 가면 반드시 베이징의 후통을 좀 보러 가려고 해.

　B 가는 김에 사합원을 돌아보는 것도 괜찮아.

2 A 너 도대체 그 호텔이 어디에 있는지 알아 몰라?

　B 알아, 앞쪽의 첫 번째 교차로에서 오른쪽으로 돌면 바로 있어.

3 A 이 길도 너무 좁지?

　B 응, 좁을 뿐만 아니라 모퉁이도 엄청 많아.

4 A 한국에는 유명한 한옥마을이 여러 곳 있다고 들었어.

　B 응, 시간 나면 너 좀 돌아보러 가도 돼.

▶ 외워 봐요!

31 예를 들어 말하자면 어떤 후통은 매우 좁다.

32 첸스후통은 너비가 40cm밖에 되지 않는다.

33 두 사람이 서로 만나면, 몸을 옆으로 돌려야만 지나갈

수 있다.

34 동쪽으로 쭉 걸어가다 세 번째 길목에서 북쪽으로 돌면 바로야.

35 무슨 동, 남, 서, 북 하는 것을 나는 잘 구분 못 하겠어.

36 길을 가리킬 때 왼쪽이나 오른쪽은 잘 말하지 않고 오직 동서남북만 말하는 것을 좋아하더라.

37 전체 도시의 동서남북이 정말 뚜렷해.

38 현대 베이징 도시에 또 이렇게 많은 후퉁이 있을 줄은 생각을 못 했어.

39 여기 전부 다 변해 버렸어!

40 나 그 사찰원 또 정말 찾을 수가 없게 되었어!

05 古玩
골동품

▶ 말해 봐요!

본문 ①

요즘 수집하는 것을 좋아하는 사람이 갈수록 많아지고 있다. 어떤 사람은 수집을 재미나 취미로 여기고, 어떤 사람은 수집을 투자로 한다. 어떤 사람은 도자기를 수집하고, 어떤 사람은 서예나 그림을 수집한다. 하지만 수집하는 것도 쉬운 일은 아니어서 수집하는 사람은 안목이 있어야 하고, 또 인내심도 있어야 한다. 시간만 있으면 골동품 시장을 둘러보면서 자신이 좋아하는 물건이 있는지 살펴보고, 마음에 드는 물건이 있으면 주인과 흥정을 해야 한다. 외국 관광객은 진품을 살 수 없더라도 현대 모조품을 사 가지고 가서 기념으로 삼을 수도 있다.

한어병음

Zuìjìn xǐhuan shōucáng de rén yuè lái yuè duō le. Yǒu de rén bǎ shōucáng dàngchéng yì zhǒng xìngqù àihào, yǒu de rén bǎ shōucáng dàngchéng yì zhǒng tóuzī; yǒu de rén shōucáng cíqì, yǒu de rén shōucáng zìhuà. Dàn shōucáng yě bú shì jiàn róngyì de shìr, shōucáng de rén děi yǒu yǎnlì, hái děi yǒu nàixīn. Zhǐyào yǒu shíjiān jiù qù gǔdǒng shìchǎng guàngguang, kànkan yǒu méiyǒu zìjǐ xǐhuan de dōngxi, kànzhòngle dehuà, hái kěyǐ gēn lǎobǎn kǎnkànjià. Wàiguó yóukè jíshǐ mǎi bu dào zhēnpǐn, yě kěyǐ mǎi ge xiàndài fǎngpǐn huíqu zuò ge jìniàn.

본문 ②

최지민 명호야, 지난번 우리 함께 갔던 자금성 입장권 너 아직 가지고 있어?

박명호 언제 일이라고, 쓰레기라고 생각해서 벌써 버렸지!

한쉐 지민아, 너 입장권 뭐 하려고?

가오펑 얘는 특별한 취미가 있는데, 너희들 몰랐지?

박명호 입장권 수집하기?

최지민 입장권뿐만 아니라 각 나라의 우표, 영화표도 모두 관심이 있어.

한쉐 정말 신기하다, 가오펑도 수집광이야!

박명호 어쩐지 지난번 내가 걔 집에서 낡아 빠진 도자기를 많이 봤어!

가오펑 너 그것들이 낡았다고 얕잡아 보지 마, 골동품마다 자신만의 이야기가 있어.

최지민 가오펑, 너 그 골동품은 어디에서 사들인 거야?

가오펑 나는 시간 나면 골동품 시장을 돌아봐, 잘못 샀으면 학비 좀 내고, 지식을 좀 배웠다 셈 치는 거야.

한쉐 잘 샀으면 돈 좀 버는 거지?

가오펑 하하, 네 말이 맞아.

한어병음

崔智敏	Mínghào, shàng cì wǒmen yìqǐ qù Gùgōng de ménpiào nǐ hái liúzhe ma?
朴明浩	Dōu shénme shíhou de shìr le, zǎo jiù dàng lājī rēng le a!
韩雪	Xiǎomǐn, nǐ yào ménpiào gàn ma?
高朋	Tā a, yǒu ge tǐng tèbié de àihào, nǐmen dōu bù zhīdào ba?
朴明浩	Shōují ménpiào?
崔智敏	Bùguāng shì ménpiào, gège guójiā de yóupiào hé diànyǐng piào, wǒ yě dōu gǎn xìngqù.
韩雪	Zhēn qiǎo, Gāo Péng yě shì ge shōucáng mí ne!
朴明浩	Nánguài shàng cì wǒ zài tā jiā kàndào hǎo duō pòpo lànlàn de cíqì ne!
高朋	Nǐ bié kàn tāmen pò, dànshì měi yí jiàn gǔdǒng dōu yǒu zìjǐ de gùshi.
崔智敏	Gāo Péng, nǐ nàxiē gǔdǒng dōu shì cóng nǎr mǎilái de a?
高朋	Wǒ a, yǒu shíjiān jiù qù gǔdǒng shìchǎng zhuànzhuan, mǎicuò le jiù dàng shì jiāole diǎnr xuéfèi, xuéle diǎnr zhīshi.

| 韩雪 | Mǎiduì le dehuà, shì bu shì yě néng xiǎo zhuàn yì bǐ a? |
| 高朋 | Hāhā, ràng nǐ shuōduì le. |

▶ 연습해 봐요!

1 설령 많은 비가 내리더라도, 가야 해.

설령 네가 더 이상 젊지 않아도, 관계없어.

설령 아무리 큰 어려움이 있더라도, 계속해 나가야 해.

설령 날씨가 좋지 않더라도, 원래 계획에 따라 진행해야 해.

即使认出来了，也要装作不知道。

即使没考好，也不要难过。

即使没有朋友，也不觉得无聊。

即使离开了家乡，也不觉得孤独。

2 그 사람들은 일찌감치 귀국했어.

우리는 일찌감치 가지 않으려고 했어.

이 일은 내가 벌써부터 알았어.

오늘 숙제가 많지 않아서, 우리는 일찌감치 다 했어.

我早就告诉他了。

他早就忘了这件事。

我早就把那本书还给他了。

那件衣服我早就给别人了。

3 주말만이 아니라, 평소에도 그 사람은 도서관에 가서 공부해.

축구만이 아니라, 농구와 탁구도 난 좋아해.

그 사람뿐만 아니라, 우리 반 친구들도 모두 참가하고 싶어 하지 않아.

사과뿐만 아니라 바나나, 귤 이런 과일도 난 좋아해.

不光是古董市场，夜市也可以去看看。

不光是图书馆，银行、医院他都是9点开门。

不光是我，他们也都不喜欢吃香菜。

不光是瓷杯子，瓷碗、瓷盘他也都很感兴趣。

4 이곳이 크지 않다고 무시하지 마, 분위기는 정말 좋아.

이 식당이 크지는 않지만 음식은 정말 맛있어.

그 사람 키 작다고 얕보지 마, 농구는 정말 잘해.

그 사람이 평소에 말은 하지 않지만, 수업에서 발표하는 것은 정말 적극적이야.

别看这个手机便宜，功能还挺多。

别看这件衣服颜色不好，但穿着很舒服。

别看他七十多岁了，可还在努力学英语呢。

别看他平时不做饭，但有几个菜还做得不错。

▶ 묻고 답해 봐요!

1 A 네가 서예와 그림 수집하는 것을 좋아한다고 들었어.

　 B 난 그것을 일종의 취미로 생각해.

2 A 너 이 도자기는 진품이 틀림없지?

　 B 무슨 말을, 너 정말 보는 눈이 없구나!

3 A 이번 주말 우리 함께 골동품 시장 좀 돌아보자!

　 B 좋아, 나도 마침 가 보고 싶었어.

4 A 이런 낡아 빠진 도자기가 수집 가치가 있어?

　 B 당연히 있지. 골동품마다 자신만의 이야기가 있어.

▶ 외워 봐요!

41 요즘 수집하는 것을 좋아하는 사람이 갈수록 많아지고 있다.

42 어떤 사람은 수집을 재미나 취미로 여긴다.

43 외국 관광객은 진품을 살 수 없더라도 현대 모조품을 사가지고 가도 기념이 된다.

44 지난번 우리 함께 갔던 자금성 입장권 너 아직 가지고 있어?

45 언제 일이라고, 쓰레기라고 생각해서 벌써 버렸지!

46 입장권뿐만 아니라 각 나라의 우표, 영화표도 모두 관심이 있어.

47 정말 신기하다, 가오펑도 수집광이야!

48 그것들이 낡았다고 얕잡아 보지 마, 골동품마다 자신만의 이야기가 있어.

49 잘못 샀으면 학비 좀 내고, 지식을 좀 배웠다 셈 치는 거야.

50 잘 샀으면 돈 좀 버는 거지?

01-05 复习 1
복습 1

▶ 핵심 문형

01 A 올해 음력설에 너희 집 저녁 식사 어떻게 할 계획이야?

B 우리 집은 올해 식당에 '섣달그믐 밥' 예약하려고 해.

A 와, 정말 좋은 방법이네! 한국에서 음력설 그 며칠 동안 식당 주인들이 모두 고향으로 설 쇠러 가기 때문에 밥 먹을 곳을 찾고 싶어도 쉽지 않아.

B 맞아, '섣달그믐 밥'은 더 말할 것도 없어.

02 A 하루 종일 공부했는데, 너희들 나랑 함께 야식 먹으러 가지 않을래?

B 야식? 나 지금 전혀 배 안 고파.

A 중국 야식은 모두 간단한 음식이어서 입이 심심한 것을 없애려고 가는 거야.

B 그렇지, 그 야시장의 먹거리는 종류가 정말 많아서 한번 가 볼 만해!

03 A 너 다음 주 면접 간다며, 준비 어떻게 돼 가?

B 거의 다 준비했는데, 어떤 옷을 입어야 할지만 아직 생각 못 했어.

A 회사는 어떤 특별한 요구 사항이 있어?

B 이 회사는 IT 업종과 관련 있는 회사여서 아마도 개성을 비교적 중시할 거야.

04 A 네가 말한 그 사합원은 도대체 어느 후퉁에 있는 거야?

B 동쪽으로 쭉 걸어가다 세 번째 길목에서 북쪽으로 돌면 바로야.

A 무슨 동, 남, 서, 북 하는 것을 나는 잘 구분 못 하겠어. 너희 베이징 사람들은 길을 가리킬 때, 왼쪽이나 오른쪽은 잘 말하지 않고 오직 동서남북으로 말하는 것을 좋아하더라.

B 이것은 네가 이해 못하는 거야. 베이징은 남쪽에서 북쪽까지 중앙선이 있어. 고궁은 바로 이 중앙선의 중심 위치에 있어서 전체 도시의 동서남북이 분명하게 구분되어 있어.

05 A 지난번 우리 함께 갔던 고궁 입장권 너 아직 가지고 있어?

B 언제 일이라고, 벌써 쓰레기라고 생각해서 버렸지!

A 너 입장권 뭐 하려고?

B 나 특별한 취미가 있는데, 너 몰랐지?

▶ 说一说

1 A 今年春节，你们家的团圆饭打算怎么吃啊？

B 今年想去餐厅订个"年夜饭"。你们也吃"年夜饭"吗？

A 跟"年夜饭"比起来，我们更重视大年初一的早饭。

B 是吗？我们小时候过年不但可以拿到压岁钱，还可以放烟花呢。

2 A 学了一整天了，跟我一起去吃个夜宵，怎么样？

B 我现在一点儿也不饿啊。

A 中国的夜宵都是一些小吃，主要是去解解馋。

B 说的也是。听说夜市里的小吃种类挺多的，跟你一起去尝尝吧。

3 A 我下个星期要去参加面试，可是穿什么衣服还没想好呢。

B 公司有什么特别的要求吗？

A 这是一家跟IT行业有关的公司，可能会比较注重个性。

B 如果你穿一件中式的旗袍去，一定会很有个性吧？

4 A 你说的那家四合院到底在哪条胡同里啊？

B 糟了！这儿全变样儿了！我还真找不着那家四合院了！

A 是不是很多胡同都变样了？

B 找到了，你快看，这就是我想带你来看的那家四合院！

5 A 上次我们一起去故宫的门票你还留着吗？

B 早就当垃圾扔了啊！你要门票干吗？

A 不光是门票，各个国家的邮票和电影票，我都感兴趣。

B 原来你是个收藏迷啊！

▶ 听一听

1 (1) O

(2) C 公司要加班

(3) 因为女的能回老家过年。/ 因为女的能回老家和家人一起吃团圆饭。

녹음대본 MP3 f 01-02

男: 今年你打算在哪儿过年啊?
女: 当然是回老家啊。爸妈都等我回去吃年夜饭呢!
男: 真羡慕你，能和家人团聚，高高兴兴吃一顿团圆饭。
女: 听说你老家挺远，准备回家过年吗?
男: 最近公司太忙，春节也要加班。
女: 太遗憾了，加完班再抽时间回去给长辈们拜个年吧。

抽时间 chōu shíjiān 시간을 내다

남 : 올해 너 어디에서 설 쇨 거야?
여 : 당연히 고향으로 가지. 아빠 엄마 모두 내가 돌아와서 섣달그믐 밥 먹기를 기다리셔.
남 : 네가 정말 부럽다. 가족과 모여서 신나게 함께 식사 한 끼 할 수 있잖아.
여 : 너 고향 집이 엄청 멀다던데, 고향 가서 설 쇨 거야?
남 : 요즘 회사가 너무 바빠서 음력설에도 초과 근무해야 해.
여 : 너무 안 됐다. 초과 근무 마치고 시간 내서 어른들께 세배하러 가.

2 (1) X

(2) B 夜市里不卖宫廷小吃

(3) 女的想去吃夜宵，因为她晚饭没吃饱，正想吃点儿东西填填肚子。

녹음대본 MP3 f 01-02

男: 走，一起吃夜宵去!
女: 太好了! 我也正想吃点儿东西填填肚子呢。
男: 我带你去尝尝宫廷小吃。你是不是晚饭没吃饱啊?
女: 是啊，晚饭随便吃了点儿。夜市里也有宫廷小吃吗?
男: 当然有啊。夜市里的小吃种类可多了!
女: 那各种风味的，咱们都尝一尝吧!
남 : 가자, 함께 야식 먹으러 가자
여 : 잘 됐다! 나도 마침 뭘 좀 먹어서 배 채우고 싶던 참이야.
남 : 내가 너 데리고 궁중 먹거리 맛 보여 줄게. 너 저녁밥 배부르게 먹지 못했지?
여 : 응, 저녁밥은 대충 조금 먹었어. 야시장에 궁중 먹거리도 있어?
남 : 당연히 있지. 야시장에 먹거리 종류가 정말 많아!
여 : 그럼 다양한 맛의 음식들, 우리 모두 한번 맛보자!

3 (1) X

(2) A 太花

(3) 女的觉得这套西装简单大方，挺适合去参加面试。

녹음대본 MP3 f 01-02

男: 这条连衣裙真漂亮，你试试吧!
女: 我觉得太花了，不适合去参加面试。
男: 现在很多公司都很注重个性，也不一定不适合。
女: 我不太喜欢收腰的裙子，而且价格也不便宜呢。
男: 那这套西装怎么样?
女: 这套西装简单大方，挺适合去参加面试。
남 : 이 원피스 정말 예쁜데, 너 한번 입어 봐!
여 : 너무 화려한 것 같아서 면접에 가기는 적절하지 않아.
남 : 요즘 많은 회사들이 개성을 중시해서 반드시 적절하지 않은 것은 아니야.
여 : 나 허리 들어간 치마 별로 좋아하지 않고, 가격도 저렴하지 않아.
남 : 그럼 이 정장은 어때?
여 : 이 정장은 심플하고 우아해서 면접 가기 정말 적합한 것 같아.

4 (1) X

(2) C 下周周末

(3) 女的觉得叫上一辆人力三轮车在胡同里转的话，一定会很有意思。

녹음대본 MP3 f 01-02

男: 来北京半年了，北京的胡同还一次都没去过呢。
女: 是吗? 这周我有点忙，下周周末咱们一起去看看吧。
男: 好啊。听说胡同里有人力三轮车?
女: 是啊，叫上一辆人力三轮车在胡同里转转，一定会很有意思。
男: 坐着人力三轮车，顺便找个四合院去参观一下。
女: 四合院是中国的传统建筑，值得一去。

参观 cānguān 동 참관하다

남 : 베이징에 온 지 반년이 되었는데, 베이징의 후퉁은 아직 한 번도 가 본 적이 없어.

여 : 그래? 이번 주에 내가 좀 바쁘니까 다음 주 주말에 우리 함께 보러 가자.

남 : 좋아. 후퉁에 인력거도 있다고 들었는데?

여 : 그래, 인력거 한 대 불러서 후퉁에서 돌아보면 틀림없이 재밌을 거야.

남 : 인력거 타는 김에 사합원도 찾아서 관람해 보자.

여 : 사합원은 중국의 전통 건축이어서 한번 가 볼 만해.

5 (1) ○

(2) B 运气好

(3) 男的把收藏当成一种兴趣爱好。

녹음대본　MP3 ♪ 01-02

女 : 你们家怎么有这么多破破烂烂的瓷器啊?

男 : 别看它们破, 每一件都是我亲自从古董市场挑来的。

女 : 原来你喜欢收藏瓷器啊。古董市场能买到好东西吗?

男 : 不一定。有时间就去转转, 运气好的话也能买对一两件好东西。

女 : 买错了就当是交了点儿学费呗。

男 : 没错。我就是把收藏当成一种兴趣爱好。

여 : 너희 집에는 어떻게 이렇게 많은 낡은 도자기들이 있는 거야?

남 : 그것들이 낡았다고 생각하지 마, 각각 내가 직접 골동품 시장에서 골라온 거야.

여 : 원래 네가 도자기 수집하는 걸 좋아했구나. 골동품 시장에서 좋은 물건을 살 수 있어?

남 : 반드시 그런 것은 아니야. 시간 날 때 돌아보다가 운이 좋으면 하나 둘 좋은 물건을 살 수도 있어.

여 : 잘못 샀으면 학비 좀 낸 셈 치면 되지 뭐.

남 : 맞아. 나는 그저 수집하는 것을 취미로 생각해.

▶ **读一读**

1 중국인에게 음력설은 1년 중 매우 중요한 전통 명절이고, 한국 사람에게도 마찬가지이다. 하지만 중국의 '섣달 그믐 밥'과 비교하면 한국 사람들은 정월 초하루의 아침 식사를 더욱 중시한다. 많은 한국 가정은 정월 초하루 아침에 제사를 지내고, 많은 중국 가정은 섣달 그믐날 저녁에 까치설을 쇤다. 많은 한국 주부와 아이는 음력설을 축하하기 위해 또 한국의 전통 한복을 입는다. 중국의 젊은이들은 요즘 설 쇨 때 전통 치파오를 별로 입지 않지만 개량 치파오는 갈수록 인기를 얻고 있다. 두 나라가 음력설을 보내는 데는, 비록 서로 다른 풍습이 있지만, 아이들이 어른에게 새해 인사를 할 때 어른들이 젊은 사람들에게 덕담을 하고, 젊은 사람들에게 세뱃돈을 주는 풍습은 서로 동일하다.

2 지난 주말, 나는 친구와 함께 베이징의 후퉁을 돌아보았다. 현대적인 베이징에 아직 그렇게 많은 후퉁이 보존되고 있을지는 정말 생각하지 못했다. 후퉁의 구석까지 걸어 다니면서 또 큰 사합원을 발견하였다. 인력거를 운전하는 분이 우리에게 네 방향으로 집을 짓고, 정원을 가운데 두고 사면에서 둘러싸고 있어 '사합원'으로 부른다고 알려 주었다. 우리가 참관한 그 사합원은 대단히 유명했는데, 듣기로는 이미 역사가 수백 년이 되었다고 한다. 후퉁에서 나온 후에 우리는 또 정말 재미있는 골동품 시장을 발견하였는데 안에 각종 진귀한 골동품들을 팔고 있었다. 우리 아버지의 가장 큰 취미가 도자기를 수집하는 것이어서 나는 또 아빠에게 기념품 하나를 샀다.

▶ **'写一写**

1 对中国人来说, 这是一个很重要的传统节日。

　Duì zhōngguórén lái shuō, zhè shì yí ge hěn zhòngyào de chuántǒng jiérì.

2 不管做什么事情, 都应该认真。

　Bùguǎn zuò shénme shìqing, dōu yīnggāi rènzhēn.

3 如果没赶上这顿 "年夜饭", 都会觉得非常遗憾。

　Rúguǒ méi gǎnshàng zhè dùn "niányèfàn", dōu huì juéde fēicháng yíhàn.

4 现在 "年味儿" 也没以前那么浓了。

　Xiànzài "nián wèir" yě méi yǐqián nàme nóng le.

5 我现在一点儿也不饿啊。

　Wǒ xiànzài yìdiǎnr yě bú è a.

6 中国的夜宵都是一些小吃, 主要是去解解馋。

　Zhōngguó de yèxiāo dōu shì yìxiē xiǎochī, zhǔyào shì qù jiějie chán.

7 那个夜市里的小吃啊, 种类可多了, 值得一去!

　Nà ge yèshì lǐ de xiǎochī a, zhǒnglèi kě duō le, zhídé yī qù!

8 这么多好吃的，哪能不去啊！

Zhème duō hǎochī de, nǎ néng bú qù a!

9 准备得差不多了，就是穿什么衣服还没想好呢。

Zhǔnbèi de chàbuduō le, jiùshì chuān shénme yīfu hái méi xiǎnghǎo ne.

10 那怎么行啊？

Nà zěnme xíng a?

11 那倒也是。

Nà dào yě shì.

12 那我带你去看看改良的旗袍吧，你肯定会喜欢。

Nà wǒ dài nǐ qù kànkan gǎiliáng de qípáo ba, nǐ kěndìng huì xǐhuan.

13 比如说有的胡同很窄。

Bǐrú shuō yǒude hútòng hěn zhǎi.

14 钱市胡同只有40厘米宽。

Qiánshì hútòng zhǐyǒu sìshí límǐ kuān.

15 一直往东走，到第三个路口往北一拐就是了。

Yìzhí wǎng dōng zǒu, dào dì sān ge lùkǒu wǎng běi yì guǎi jiùshì le.

16 我还真找不着那家四合院了！

Wǒ hái zhēn zhǎo bu zháo nà jiā sìhéyuàn le!

17 都什么时候的事儿了，早就当垃圾扔了啊！

Dōu shénme shíhou de shìr le, zǎo jiù dàng lājī rēng le a.

18 不光是门票，各个国家的邮票和电影票，我都感兴趣。

Bùguāng shì ménpiào, gègè guójiā de yóupiào hé diànyǐng piào, wǒ dōu gǎn xìngqù.

19 真巧，他也是个收藏迷呢！

Zhēn qiǎo, tā yě shì ge shōucáng mí ne!

20 你别看它们破，但是每一件古董都有自己的故事。

Nǐ bié kàn tāmen pò, dànshì měi yí jiàn gǔdǒng dōu yǒu zìjǐ de gùshi.

---

06 | **数字和颜色**
숫자와 색깔

▶ 말해 봐요!

본문 ①

중국인은 붉은색을 경사스러운 색이라고 여긴다. 그래서 좋은 일이 있을 때마다 붉은색을 사용한다. 예를 들어 말하면, 해마다 설을 쇨 때, 사람들은 집에 붉은 '복' 자를 붙이고, 결혼할 때는 신랑과 신부가 붉은색 예복을 입고, 선물할 때 많은 중국인은 붉은색의 포장지를 선택한다. 만약 한 중국인이 붉은색의 옷을 입었다면 모두들 일반적으로 "당신 오늘 이렇게 경사스럽게 입었는데, 무슨 좋은 일이 있나요?"라고 한다. 이제 중국인이 왜 붉은색을 좋아하는지 알게 되었죠?

한어병음

Zhōngguó rén rènwéi hóngsè shì yì zhǒng hěn xǐqìng de yánsè, suǒyǐ yǒu hǎoshì de shíhou, dōu huì shǐyòng hóngsè. Bǐrú shuō, měi dào guònián de shíhou, rénmen dōu huì zài jiālǐ tiēshang hóngsè de "fú" zì; jiéhūn de shíhou, xīnláng hé xīnniáng huì chuānshang hóngsè de lǐfú; sònglǐ shí, hěnduō zhōngguó rén huì xuǎnyòng hóngsè de bāozhuāngzhǐ. Rúguǒ yí ge Zhōngguó rén chuānle yí jiàn hóngsè de yīfu, dàjiā yìbān dōu huì shuō: "Nǐ jīntiān chuān de zhème xǐqìng, shì bu shì yǒu shénme hǎo shìqing a?" Xiànzài nǐ zhīdào Zhōngguó rén wèi shénme xǐhuan hóngsè le ba?

본문 ②

한쉐 가오펑, 너 휴대전화 바꿨다며? 전화번호도 바꿨어?

가오펑 응, 이번에 나 정말 좋은 번호로 바꿨어!

최지민 휴대전화 번호도 좋고 나쁨이 있어?

박명호 중국인은 특히 '4'는 좋아하지 않고, '8'은 정말 좋아한다고 들었어.

가오펑 맞아, 사람들은 자동차 번호와 휴대전화 번호를 고를 때 '4'는 피해.

한쉐 그럼 너 도대체 무슨 번호로 바꾼 거야? '8888'?

가오펑 앞의 것은 안 바꿨고, 끝자리 수는 '8899'야. 어때? 괜찮지?

박명호 원래 '9'도 중국인이 좋아하는 숫자구나.

해석과 정답

한쉐 '9'와 '久'가 해음이어서, 영원히 변하지 않는 거야! 앞으로 여자 친구에게 장미꽃 살 기회가 있으면 반드시 9송이나 99송이를 선물해!

최지민 그럼 999송이를 선물하는 사람도 있는 거야?

한쉐 그럼, 설령 좀 비싸더라도, 돈을 써서 좋은 함축된 의미를 사는 거지!

최지민 이전에는 숫자가 그저 하나의 부호라고 생각했는데, 또 이렇게 많은 숨은 의미가 있을 줄 몰랐어.

가오펑 사실 사람마다 자기가 좋아하는 숫자가 있어. 왜냐하면 이 특정한 숫자가 틀림없이 자신에게 행운을 가져다 줄 수 있을 것이라고 믿기 때문이지.

한어병음

韩雪	Gāo Péng, tīngshuō nǐ huàn shǒujī le? Shǒujī hào yě huàn le ma?
高朋	Shì a, zhè huí wǒ kě huànle ge hǎo hàomǎ!
崔智敏	Shǒujī hàomǎ hái yǒu hǎo huài a?
朴明浩	Tīngshuō zhōngguó rén tèbié bù xǐhuan "sì", tèbié xǐhuan "bā".
高朋	Méi cuò, rénmen tiāoxuǎn chēpái hào hé shǒujī hào de shíhou dōu huì bìkāi "sì".
韩雪	Nà nǐ dàodǐ huànle ge shénme shǒujī hào a? "bā bā bā bā"?
高朋	Qiánmiàn de méi biàn, wěishù shì "bā bā jiǔ jiǔ". Zěnmeyàng? Búcuò ba?
朴明浩	Yuánlái "jiǔ" yě shì Zhōngguó rén xǐhuan de shùzì a.
韩雪	"Jiǔ" hé "jiǔ" xiéyīn, tiāncháng-dìjiǔ a! Yǐhòu yǒu jīhuì gěi nǚ péngyou mǎi méigui huā dehuà, yídìng yào sòng jiǔ duǒ huò jiǔshíjiǔ duǒ o!
崔智敏	Nà shì bu shì hái yǒu rén sòng jiǔbǎi jiǔshíjiǔ duǒ a.
韩雪	Shì a, nǎpà guì diǎnr, huā qián mǎi ge hǎo yùyì a!
崔智敏	Yǐqián juéde shùzì jiùshì yí ge fúhào, méi xiǎngdào hái yǒu zhème duō jiǎngjiu.
高朋	Qíshí měi ge rén dōu yǒu zìjǐ xǐhuan de shùzì, yīnwèi rénmen xiāngxìn zhèxiē tèdìng de shùzì, néng gěi zìjǐ dàilái hǎoyùn.

▶ **연습해 봐요!**

1 봄만 되면, 나는 꽃구경 하러 가.

이때만 되면, 나는 집이 그리워.

음력설마다, 기차표를 사기 어려워.

한 도시에 갈 때마다, 나는 책갈피를 사.

每到月末，我就会很忙。

每到下雨天，我就想去看电影。

每到周末，他们都会一起去散步。

每到这一天，他都会给我打电话。

2 설령 아무리 피곤해도 다 해야 해.

설령 네가 가고 싶지 않아도 말 꺼내지 마.

설령 아무리 비싸더라도, 우선 사고 나서 다시 얘기하자.

설령 좋아하지 않더라도 체면 봐서 받아 줘.

哪怕再难，也要学下去。

哪怕没意思，你也先听一听。

哪怕再便宜，我也不会买。

哪怕走着去，也不想坐他的车去。

3 사실 그 사람은 여행을 좋아하지 않아.

사실 그 사람 둘은 이미 헤어졌어.

사실 그는 그 색깔을 정말 좋아하지 않아.

사실 그는 일찌감치 이 일을 알고 있었어.

其实这个手机很贵。

其实我没有中国朋友。

其实我吃不了辣的。

其实我家离这儿挺近的。

4 그는 재미있는 책 몇 권을 가지고 왔다.

이 책은 도서관에서 빌려 온 거야.

그 사람이 과일 좀 사왔으니까 같이 먹자.

내가 소설책 몇 권 가지고 왔으니까 너 편하게 봐

这是妈妈寄来的礼物。

他搬来了一把椅子。

下次你把照相机拿来。

这是我从他那儿要来的书。

▶ **묻고 답해 봐요!**

1 A 한국인들은 하얀색을 좋아한다고 들었는데, 그래?

B 응, 왜냐하면 한국인은 하얀색이 신성한 색깔이라고
생각하기 때문이야.

2 A 5월 20일 그날 왜 그렇게 많은 사람들이 꽃을 선물하
는 거야?

B 왜냐하면 요즘 젊은이들은 '520'이 '나는 너를 사랑해'
를 나타낼 수 있다고 생각해.

3 A 너는 어느 숫자를 제일 좋아해?

B '6'이야. 내 생일이 6일이기 때문이지.

4 A 너 왜 숫자 '7'을 좋아해?

B 난 이 숫자가 나에게 행운을 가져다 줄 거라고 생각
하기 때문이야.

▶ **외워 봐요!**

51 중국인은 붉은색이 경사스러운 색이라고 여긴다.

52 해마다 설을 쇨 때면, 사람들은 집에 붉은 '복' 자를 붙
인다.

53 이번에 나 정말 좋은 번호로 바꿨어!

54 사람들은 자동차 번호와 휴대전화 번호를 고를 때 '4'
는 피해.

55 그럼 너 도대체 무슨 번호로 바꾼 거야?

56 '9'와 '久'가 해음이어서, 영원히 변하지 않는 거야!

57 설령 좀 비싸더라도, 돈을 써서 좋은 함축된 의미를 사
는 거지!

58 이전에는 숫자가 그저 하나의 부호라고 생각했어.

59 사실 사람마다 자기가 좋아하는 숫자가 있어.

60 사람들은 이 특정한 숫자가 반드시 자신에게 행운을
가져다 줄 수 있을 거라고 믿어.

07 **十二生肖**
12지

▶ **말해 봐요!**

본문 ①

중국인은 12지 동물로 연도를 표현하는 것을 좋아한다. 이
12가지 동물은 쥐, 소, 호랑이, 토끼, 용, 뱀, 말, 양, 원숭이,
닭, 개, 돼지이다. 우리가 출생한 연도의 띠 동물이 바로 우

리의 띠이다. 그래서 만약 상대방의 나이를 알고 싶으면,
"당신은 무슨 띠인가요?"라고 완곡히 물을 수도 있다. 만
약 당신이 개띠이고, 올해가 또 개띠해라면, 올해가 당신의
'자기 띠 해'가 된다. 많은 사람들이 '자기 띠 해'가 되었을
때, '붉은 팬티', '붉은 줄' 같은 종류의 비교적 특별한 선물
을 받기도 한다.

> **한어병음**
>
> Zhōngguó rén xǐhuan yòng shí'èr zhǒng shēngxiào
> dòngwù lái biāojì niánfèn. Zhè shí'èr zhǒng dòngwù
> shì: shǔ、niú、hǔ、tù、lóng、shé、mǎ、yáng、
> hóu、jī、gǒu、zhū. Wǒmen chūshēng niánfèn de
> shēngxiào dòngwù jiùshì wǒmen de shǔxiang. Suǒyǐ
> rúguǒ nǐ xiǎng zhīdào duìfāng de niánjì, yě kěyǐ
> wěiwǎn de wèn "nǐ shì shǔ shénme de?" Rúguǒ nǐ
> shǔ gǒu, ér jīnnián yòu zhènghǎo shì gǒu nián dehuà,
> nàme jīnnián jiùshì nǐ de "běnmìngnián". Hěn duō rén
> "běnmìngnián" shí, hái huì shōudào yìxiē xiàng "hóng
> nèikù"、"hóng shéngzi" zhī lèi bǐjiào tèbié de lǐwù.

본문 ②

최지민 한쉐, 이 목걸이 정말 예뻐, 작은 돼지네!

한쉐 응, 올해가 돼지해고, 내가 또 돼지띠여서, 엄마가
나한테 붉은 줄로 된 '작은 돼지 목걸이'를 사주
셨어.

가오펑 올해가 네 띠의 해구나!

박명호 12지가 12년마다 돌아오니까 그럼 너 올해 24살이지?

한쉐 맞아. 명호야 너는 무슨 띠야?

박명호 난 너보다 한 살 적어, 쥐띠야.

가오펑 돼지가 12지 중 가장 마지막 순서야. 많은 사람들
이 '돼지띠'가 복이 있는 띠라고 생각해.

한쉐 '돼지' 외에 '용'도 12지 중 유일한 전설 속의 동물
이어서 '용띠 아기'를 낳고 싶어 하는 엄마들도 많
이 있어.

박명호 로마에 가면 로마법을 따라야 하니까 내년에 나도
목걸이 하나 사서 내 띠 해를 보낼까 봐. 하하.

> **한어병음**
>
> 崔智敏 Xiǎoxuě, nǐ zhè tiáo xiàngliànr zhēn piàoliang,
> shì yì zhī xiǎo zhū ne!
>
> 韩雪 Shì a, jīnnián shì zhū nián, wǒ yòu shì shǔ zhū
> de, suǒyǐ māma gěi wǒ mǎi le yìtiáo hóng

shéngzi de "xiǎo zhū xiàngliàn".

高朋 Yuánlái jīnnián shì nǐ de běnmìngnián a!

朴明浩 Shí'èr shēngxiào, shí'èr nián yí ge lúnhuí, nà nǐ jīnnián shì èrshísì suì ba?

韩雪 Duì a. Mínghào, nǐ de shǔxiang shì shénme a?

朴明浩 Wǒ bǐ nǐ xiǎo yí suì, shǔ shǔ.

高朋 Zhū zài shí'èr shēngxiào zhōng pái zuìhòu yí wèi, hěn duō rén dōu juéde "zhū" shì ge yǒu fúqi de shǔxiang ne.

韩雪 Chúle "zhū" yǐwài, "lóng" yě shì shí'èr shēngxiào zhōng wéiyī yí ge chuánshuō zhōng de dòngwù, suǒyǐ yě yǒu hěn duō māma xiǎng shēng ge "lóng bǎobao" ne.

朴明浩 Rùxiāng-suísú, yàobù míngnián wǒ yě qù mǎi tiáo xiàngliànr guò běnmìngnián ba, hāhā.

▶ 연습해 봐요!

1 나는 이 방법으로 그 사람을 가르칠 생각이야.

너는 법률로 자신을 보호하는 것을 배워야 해.

이것들은 문자로 표현할 수 없어.

그 사람은 영어로 모두에게 소개하고 싶어 해.

我用手机来搜一下吧。

你可以用汉语来给大家说明一下。

你可以用这种方法来向她表白。

我想用这个方法来考验他一下。

2 이 잔은 커피를 마시는 데 사용하는 거야.

이 과일들은 손님을 접대하기 위해 사용된 거야.

우리 아빠는 무역하는 사람이어서 자주 출장 가셔.

그 사람은 역사를 배우는 사람이어서 이곳들은 모두 가 보았어.

这个瓶子是用来装糖的。

我这个手机是用来打国际长途的。

我哥哥是学经济的，正在找工作呢。

他是属狗的，所以我送了他一条红绳子的"小狗项链"。

3 오늘은 어제보다 10분 일찍 왔어.

이 옷은 저 옷보다 두 배 비싸.

오늘 저녁 식사는 평소보다 30분 늦었어.

작년 말에 은퇴해서 수입이 과거보다 반이 줄었어.

这本书比那本书难一点儿。

他的哥哥比他高一点儿。

他比我说得好多了。

这家咖啡厅的咖啡比那家好喝一些。

4 그 사람이 그렇게 바쁜데 그 사람 부르지 말까 봐.

전혀 배고프지 않아, 저녁을 먹지 말까 봐.

이 옷 정말 예쁘네, 나도 한 벌 사러 갈까 봐.

그곳은 정말 재미있으니까, 다음번에 너도 함께 가지 뭐.

一点儿都不冷，要不别穿大衣了。

妈妈那么累，要不别出去了。

公共汽车太慢了，要不我们打车去吧。

这本书这么有意思，要不我也去买一本。

▶ 묻고 답해 봐요!

1 A 이 붉은 팔찌는 너 새로 산 거야?

B 올해는 내 띠 해라서 이것은 엄마가 나한테 선물해주 신 거야.

2 A 우리 둘 모두 돼지띠네요!

B 맞아요, 당신이 저보다 딱 12살 많아요.

3 A 너는 무슨 띠야?

B 나 토끼띠야, 너는?

4 A 올해는 용띠 해여서 많은 부모들이 '용띠 아기'를 낳고 싶어 해!

B 아마도 그 부모들이 모두 '자식이 용이 되는 것'을 바라기 때문일 거야.

▶ 외워 봐요!

61 중국 사람은 12지 동물로 연도를 표현하는 것을 좋아한다.

62 우리가 출생한 연도의 동물이 바로 우리들의 띠이다.

63 많은 사람들이 '자기 띠 해'가 되었을 때, '붉은 팬티', '붉은 줄' 같은 종류의 비교적 특별한 선물을 받기도 한다.

64 엄마가 나에게 이 붉은 줄의 '작은 돼지 목걸이'를 사주셨어.

65 올해가 네 띠의 해구나!

66 12지가 12년마다 돌아와.

67 난 너보다 한 살 적어.

68 돼지가 12지 중 가장 마지막 순서야.

69 '용'은 12지 중 유일한 전설 속의 동물이야.

70 로마에 가면 로마의 법을 따라야 하니까 내년에 나도 목걸이 하나 사서 내 띠 해를 보낼까 봐.

---

08 中国菜
중국 음식

▶ **말해 봐요!**

본문 ①

나는 이전에 고향집에 있을 때, (교자)만두 먹는 걸 무척 좋아했다. 가족 모두 함께 (교자)만두를 만들 때마다 나는 정말 즐거웠다. 엄마도 (교자)만두가 우리 북방 지역에서 가장 맛있는 것이라고 말했다. 집을 떠나 베이징에서 일한 이후 나는 주위의 동료들, 특히 남방 지역에서 온 동료는 찐빵, 국수 종류의 밀가루 음식을 별로 좋아하지 않고, 그 사람들이 밥 먹는 걸 더 좋아하는 것을 발견하였다. 모든 사람들의 입맛이 각자 달라서, "남쪽은 달고, 북쪽은 짜며, 동쪽은 시고, 서쪽은 맵다"라는 말이 있는 것이 아니겠는가. 하지만 나는 아직 (교자)만두 먹는 것을 좋아하지 않는 사람을 본 적은 없다.

> **한어병음**
>
> Wǒ yǐqián zài lǎojiā de shíhou, tèbié xǐhuan chī jiǎozi. Měi cì quán jiārén zài yìqǐ bāo jiǎozi de shíhou, wǒ dōu huì juéde hěn kāixīn. Māma yě shuō jiǎozi shì zánmen běifāng zuì hǎochī de dōngxi. Líkāi jiā dào Běijīng gōngzuò yǐhòu, wǒ fāxiàn zhōuwéi de tóngshì, tèbié shì cóng nánfāng lái de tóngshì bù zěnme ài chī mántou、miàntiáo'er zhī lèi de miànshí, tāmen gèng xǐhuan chī mǐfàn. Dàjiā de kǒuwèi yě dōu gè bù yíyàng, búshì yǒu zhǒng shuōfǎ jiào "nán tián běi xián, dōng suān xī là" ma. Dànshì wǒ què hái méiyǒu fāxiàn bù xǐhuan chī jiǎozi de rén.

본문 ②

한쉐 명호야, 너 어떤 중국 음식을 가장 좋아하는지 말해 봐.

박명호 나는, 크게는 만한전석부터 작게는 감자채볶음까

지 좋아하지 않는 것이 없어.

한쉐 맙소사, 너 그야말로 벌써 중국 사람 다 되었네!

박명호 먹는 것만 아니라, 나는 또 집에서 중국 음식을 만들어 보려고 해.

한쉐 너 배우고 싶으면, 내가 너 가르쳐 줄게!

박명호 너 요리할 줄 알아? 그럼 너 나한테 어향가지 만드는 것 가르쳐 줘, 어때?

한쉐 어향가지는 너무 어려워, 내가 보기에 넌 아무래도 우선 쉬운 것부터 배우기 시작하는 것이 나아. 아니면, 내가 우선 너에게 토마토계란볶음 가르쳐 주면 어때?

박명호 그 요리도 배울 게 있어? 토마토와 계란을 한곳에 넣고 볶으면 되는 것 아냐?

한쉐 이 요리는 보기에는 간단해도 하려면 요령을 좀 터득해야 해.

박명호 그래? 다른 날 네가 나한테 직접 만들어 보여 줘!

한쉐 좋아, 문제없어! 다음번에 내가 너에게 한 수 보여 주지!

> **한어병음**
>
> 韩雪 Mínghào, shuōshuo nǐ zuì xǐhuan chī shénme Zhōngguó cài.
>
> 朴明浩 Wǒ ya, dà dào mǎnhànquánxí, xiǎo dào qīng chǎo tǔdòusīr, méiyǒu bù xǐhuan de.
>
> 韩雪 Wǒ de tiān a, nǐ jiǎnzhí dōu kuài chéng yí ge Zhōngguó rén le!
>
> 朴明浩 Bùguāng shì chī, wǒ hái xiǎng shìzhe zài jiālǐ zuò yi zuò Zhōngguó cài ne!
>
> 韩雪 Rúguǒ nǐ xiǎng xué dehuà, wǒ kěyǐ jiāo nǐ!
>
> 朴明浩 Nǐ huì zuò cài ma? Nà nǐ jiāo wǒ zuò ge yúxiāng qiézi, zěnmeyàng?
>
> 韩雪 Yúxiāng qiézi tài nán, wǒ kàn nǐ háishi xiān cóng róngyì de kāishǐ xué ba. Yàobù wǒ xiān jiāo nǐ zuò ge xīhóngshì chǎo jīdàn, zěnmeyàng?
>
> 朴明浩 Nà dào cài hái yòng xué ma? Bǎ xīhóngshì hé jīdàn fàng yìqǐ chǎo bú jiù xíng le ma?
>
> 韩雪 Zhè dào cài ya, kàn qǐlai jiǎndān, zuò qǐlai kě hái děi zhǎngwò diǎnr xiǎo qiàoménr.
>
> 朴明浩 Shì ma? Gǎitiān nǐ qīnzì zuò gěi wǒ kànkan ba!
>
> 韩雪 Hǎo a, méi wèntí! Xià cì wǒ gěi nǐ lòu yì shǒu!

▶ 연습해 봐요!

1 각 국가의 상황은 각각 다르다.

이 문제에 대해 모두의 관점은 각각 다르다.

같은 병이지만 사람들의 증상은 모두 각각 다르다.

이 8개의 카툰 이미지가 인기를 끄는 정도는 각각 다르다.

每个人的表情都各不一样。

大家都在帮助他，尽管帮助的方式各不一样。

我们班有三十多个同学，大家的爱好都各不一样。

我们生活在两个不同的世界，希望和担心的各不一样。

2 그들 두 사람은 완전히 똑같이 생겼어.

그들 두 사람은 완전히 친형제 같아.

난 정말 그 사람이 겨우 두 달 배웠다는 것을 감히 믿을 수가 없어.

오늘 발생한 이 모든 것은 난 그야말로 상상할 수가 없어.

他简直就是一个 "马大哈"。

这简直太不公平了！

这里的风景简直就像一幅画。

后来我才发现，这简直是不可能的。

3 모두 아는데 또 소개할 필요가 있어?

신문에 모두 있는데 또 휴대전화를 찾아볼 필요가 있어?

그 노래 또 배울 필요가 있어? 나 일찌감치 할 줄 알어.

이것 또 말할 필요가 있어? 그 사람은 동의할 게 틀림없어.

你们都看到了，还用解释吗？

这么简单的问题还用证明吗？

这么简单的汉字还用查字典吗？

我早就知道了，还用你告诉我吗？

4 택시 타고 가면 되지 않아?

너 혼자 가면 되는 것 아냐?

네가 가서 그 사람에게 알려주면 되는 것 아냐?

먹고 싶으면, 가서 한 근 사서 먹으면 되는 것 아냐?

让妈妈给你做不就行了吗？

你去学校图书馆借不就行了吗？

天气不好，在家休息不就行了吗？

他那么想去，带他一起去不就行了吗？

▶ 묻고 답해 봐요!

1 A 남방 사람들은 밀가루 음식을 좋아하지 않는다던데, 맞아?

B 꼭 그런 것도 아냐. (교자)만두 같은 밀가루 음식 나도 좋아해.

2 A 원래 너 쓰촨 사람이구나, 어쩐지 매운 음식을 그렇게 좋아하더라.

B 쓰촨 사람은 매운 것을 걱정하지 않고, 후난 사람은 매운 것을 겁내지 않고, 구이저우 사람은 맵지 않을까봐 걱정한대.

3 A 너 중국 음식 만들 줄 알아?

B 할 줄 알지. 내가 제일 잘하는 요리는 '감자채볶음'이야.

4 A 내가 제일 좋아하는 중국 음식은 '어향가지'야.

B 그래? 나 만들 줄 알아. 다음번에 내가 너에게 솜씨 한번 보여 줄게.

▶ 외워 봐요!

71 가족 모두 함께 (교자)만두를 만들 때마다 나는 정말 즐거웠다.

72 모든 사람들의 입맛은 각자 다르다.

73 남쪽은 달고, 북쪽은 짜며, 동쪽은 시고, 서쪽은 맵다.

74 하지만 나는 아직 (교자)만두 먹는 것을 좋아하지 않는 사람을 본 적은 없다.

75 크게는 만한전석부터 작게는 감자채볶음까지 좋아하지 않는 것이 없어.

76 너 그야말로 벌써 중국 사람이 다 되었네!

77 먹는 것만 아니라, 나는 또 집에서 중국 음식을 만들어 보려고 해.

78 그 요리도 배울 게 있어?

79 토마토와 계란을 한곳에 넣고 볶으면 되는 것 아냐?

80 다음번에 내가 너에게 한 수 보여 주지!

09 饮茶
차를 마시다

▶ 말해 봐요!

본문 ①

중국인이 차를 마시는 것은 말하는 바에 의하면 이미 그 역사가 4700여 년이나 되었다. 지금까지 중국은 여전히 차로 예를 대신하는 풍습이 있다. 차 마시는 것은 많은 중국인의 생활 습관이며 일부 사람들은 또 차 마시는 것을 일종의 즐거움으로 여긴다. 홍차, 녹차, 꽃차 등은 모두 중국인이 좋아하는 차의 종류이다. 중국인은 "간단한 차와 소박한 밥"으로 한 사람의 생활이 소박함을 형용하고, "차를 마시거나 식후에 휴식을 취하는 것"으로 한가한 휴식 시간을 가리킨다. 차가 중국인의 마음속에 얼마나 중요한지를 알 수 있다.

> **한어병음**
>
> Zhōngguó rén yǐnchá, jùshuō yǐjīng yǒu sìqiān qībǎi duō nián de lìshǐ le. Zhídào xiànzài, zhōngguó hái yǒu yǐ chá dài lǐ de fēngsú. Hē chá shì hěn duō Zhōngguó rén de shēnghuó xíguàn, yǒuxiē rén hái bǎ pǐn chá dàngzuò yì zhǒng xiǎngshòu. Hóngchá、lǜchá、huāchá děngděng dōu shì Zhōngguó rén xǐhuan de chá lèi. Zhōngguó rén yòng "cūchá-dànfàn" lái xíngróng yí ge rén de shēnghuó jiǎnpǔ; yòng "cháyú-fànhòu" lái zhǐ dài kòngxián de xiūxi shíjiān. Kějiàn yǐnchá zài Zhōngguó rén de xīnmù zhōng yǒu duōme zhòngyào le!

본문 ②

최지민 가오펑, 너 차 마시는 것 좋아해?

가오펑 좋아해! 나는 소파에 기대어 차를 마시며 책 보는 걸 제일 좋아해.

최지민 정말 생활을 즐길 줄 아는구나! 베이징에 많은 전통찻집이 있다고 난 들었는데 그래?

가오펑 그래, 예를 들어 말하자면, '라오서 찻집'이 정말 유명해.

최지민 라오서 선생은 소설 《찻집》 쓴 적 있지 않아? 나중에 또 연극으로 각색한 걸로 들었어.

가오펑 오, 너 이것도 아는구나! 이 '라오서 찻집'은 바로 라오서 선생의 이름을 따서 지은 거야.

최지민 찻집에서 차 마시는 것 외에 또 뭘 할 수 있어?

가오펑 차의 맛을 즐길 수 있을 뿐 아니라, 중국 문화도 체험할 수 있어. 가 보고 싶어?

최지민 우리 명호와 한쉐랑 약속해서 함께 가는 것 어때?

가오펑 내가 보기에, 차 마시는 것과 비교하면 그 둘은 커피 마시는 걸 더 좋아하는 것 같아!

최지민 그럼 우리 둘이 다른 날 시간 내서 같이 가자.

> **한어병음**
>
> 崔智敏　Gāo Péng, nǐ xǐhuan hē chá ma?
>
> 高朋　Xǐhuan a! Wǒ zuì xǐhuan kàozài shāfā shang, yìbiān hē chá, yìbiān kàn shū.
>
> 崔智敏　Zhēn huì xiǎngshòu shēnghuó a! Wǒ tīngshuō Běijīng yǒu bù shǎo lǎo cháguǎr, shì ma?
>
> 高朋　Shì a, bǐrú shuō "Lǎoshě cháguǎn" jiù fēicháng yǒumíng.
>
> 崔智敏　Lǎoshě xiānsheng búshì xiěguo xiǎoshuō 《cháguǎn》 ma? Tīngshuō hòulái hái gǎibiān chéngle huàjù.
>
> 高朋　Yō, zhè nǐ dōu zhīdào a! Zhè "Lǎoshě cháguǎn" jiùshì yǐ Lǎoshě xiānsheng de míngzi mìngmíng de.
>
> 崔智敏　Cháguǎn lǐ chúle hē chá hái néng zuò shénme ne?
>
> 高朋　Búdàn néng pǐn chá, hái néng tǐyàn Zhōngguó wénhuà. Xiǎng bu xiǎng qù a?
>
> 崔智敏　Zánmen yuēshàng Mínghào hé Xiǎoxuě yìqǐ qù, zěnmeyàng?
>
> 高朋　Wǒ kàn a, gēn hē chá bǐ qǐlái, tā liǎ hǎoxiàng gèng xǐhuan hē kāfēi ba!
>
> 崔智敏　Nà zán liǎ gǎitiān chōu shíjiān yìqǐ qù ba!

▶ 연습해 봐요!

1 그는 날이 밝아서야 집으로 돌아갔다.

어제가 되어서야 그 사람은 이 일을 알게 되었다.

2년이 지나서야 사람들이 그것을 발견하였다.

밥 먹을 때가 되어서야 그녀는 이 일을 말하기 시작했다.

直到开学的时候，他才回国。

直到现在他还不知道。

直到现在他还很后悔。

他直到天黑才回家。

2 나는 줄곧 그 사람을 가장 좋은 친구라고 생각했어.

너는 이것을 일종의 투자로 삼아도 돼.

너는 이것을 일종의 취미로 삼아도 돼.

그 사람은 항상 생활을 일종의 예술로 생각하고 즐겨왔다.

你就把我们当作你的父母吧!

你们不能把文学作品当作商品。

大家都愿意把它当作一个公益事业来做。

他一直把我当作他最好的兄弟。

3 우리 걸으면서 얘기하자.

그녀는 운전하면서 음악 듣는 것을 좋아해.

너 음악 들으면서 숙제하지 마.

아빠와 아빠 친구는 커피를 마시면서 얘기를 나눴어.

我们一边看电影，一边吃爆米花。

你们不要一边看书，一边查字典。

妈妈一边看电视，一边织毛衣。

我不喜欢一边吃饭，一边看报纸。

4 그 사람은 머리카락을 붉은색으로 염색했어.

너는 이 달러를 모두 한국 돈으로 환전해.

시험 시간이 다음 주인데, 그는 이번 주라고 말했어.

그녀가 말한 것은 '1'인데, 너는 '7'로 들었어.

这部小说后来改编成电影了吗?

你别把头发染成黄色。

中国人把它当成一种很重要的礼物。

我们约好十一点见面，他听成十二点了。

▶ 묻고 답해 봐요!

1 A 사실은 "소박한 음식"이 건강에 제일 좋아.

  B 맞아, 옛사람들은 "소박한 음식이 장수의 비결"이라고 했어.

2 A 그 방은 그 사람들이 차 마시며 얘기하는 곳이야.

  B 정말 좋다.

3 A 지난번에 갔던 그 찻집 정말 괜찮았어!

  B 나도 진정한 중국 문화를 체험했다고 생각했어.

4 A 커피 마시는 것과 비교하면, 너는 차 마시는 것을 더 좋아하지?

  B 맞아, 시간만 있으면 나는 차 한 잔 끓여서 마셔.

▶ 외워 봐요!

81 중국인이 차를 마시는 것은 말하는 바에 의하면 이미 그 역사가 4700여 년이나 되었다.

82 지금까지 중국은 여전히 차로 예를 대신하는 풍습이 있다.

83 일부 사람들은 또 차 마시는 것을 일종의 즐거움으로 여긴다.

84 중국인은 "조악한 차와 화려하지 않은 밥"으로 한 사람의 생활이 소박함을 형용한다.

85 차가 중국인의 마음속에 얼마나 중요한지를 알 수 있다.

86 나는 소파에 기대어 차를 마시며 책 보는 걸 제일 좋아해.

87 너 정말 생활을 즐길 줄 아는구나!

88 나중에 또 연극으로 각색한 걸로 들었어.

89 이 '라오서 찻집'은 바로 라오서 선생의 이름을 따서 지은 거야.

90 그럼 우리 둘이 다른 날 시간 내서 같이 가자.

10 | 汉字
한자

▶ 말해 봐요!

본문 ①

중국인이 사용하는 한자는 이미 몇천 년의 역사를 가지고 있다. 한자는 처음 그림에서 기원했기 때문에 또 상형문자이다. 그것들은 거북이 배 껍질이나 짐승의 뼈에 쓰였고, 모든 글자는 그림과 같았다. 예를 들어 말하면 '日' 자, 그 것은 태양과 같고, '月' 자는 달과 같다. 상형문자를 제외하고, 후에 많은 다른 방법으로 만든 글자가 생겼고, 그중 가장 많은 것이 바로 형성자인데, 형성자의 형방은 의미를 나타내고, 성방은 독음을 나타낸다. 예를 들어 '妈'와 '吗'의 성방은 모두 '마'이지만 형방이 달라서 의미도 다르다.

한어병음

Zhōngguó rén shǐyòng de Hànzì yǐjīng yǒu jǐ qiān nián de lìshǐ le. Hànzì zuì zǎo qǐyuán yú túhuà, yě jiùshì xiàngxíng wénzì. Tāmen bèi xiězài guījiǎ huòzhě shòu gǔ shàng, měi ge zì dōu xiàng yì fú huà. Bǐrú shuō "rì" zì, tā xiàng yí ge tàiyáng, "Yuè" zì jiù xiàng yí ge yuèliang. Chú le xiàngxíngzì, hòulái hái chūxiàn le hěn duō yòng biéde fāngfǎ zào chūlái de zì, qízhōng zuì duō de jiù shì xíngshēngzì, xíngshēngzì de xíngpáng biǎoshì yìyì, shēngpáng biǎoshì dúyīn. Bǐrú "mā" hé "ma" de shēngpáng dōu shì "mǎ", dàn xíngpáng bù tóng, suǒyǐ yìyì yě bù yíyàng.

본문 ②

한쉐 지민아, 다음 주가 우리 언니 생일인데, 언니에게 줄 선물을 준비하고 싶어.

최지민 요즘 날씨가 안 좋아서 계속 비 오니까, 언니한테 예쁜 우산 하나 선물해.

가오펑 그건 절대 안 돼, 중국에서 '우산'은 정말 인기 없는 선물이야.

한쉐 맞아, '우산'의 발음이 '흩어지다'의 '산'과 발음이 같기 때문이야.

박명호 어쩐지 중국인이 '배'를 나눠 먹지 않는 것이 '배를 나누는 것'과 '분리'의 발음이 같기 때문이구나.

최지민 명호가 아는 게 정말 많네!

박명호 많은 중국 문화가 한자의 발음과 관계가 있어서 나는 한자에 흥미가 있어.

가오펑 그럼 너 예를 몇 개 더 들어서 우리에게 들려줘 봐.

박명호 더 예를 들자면, 음력설 때 중국인들이 '복' 자를 거꾸로 붙이는 것은 '복이 온대'라는 것을 나타내고, 민간에서 설날에 붙이는 그림에 나오는 '연꽃'과 '물고기'는 '해마다 풍성하다'라는 것을 나타내는 거야.

한쉐 와! 너 이번 학기 한자 수업에서 많은 걸 배웠구나!

한어병음

韩雪 Xiǎomǐn, xià zhōu shì wǒ jiějie de shēngrì, wǒ xiǎng gěi tā zhǔnbèi yí jiàn lǐwù ne.

崔智敏 Zuìjìn tiānqì bù hǎo, yìzhí xià yǔ, gěi tā sòng yì bǎ piàoliang de yǔsǎn ba.

高朋 Nà kě bù xíng, zài Zhōngguó a, "sǎn" kěshì yí jiàn bú shòu huānyíng de lǐwù.

韩雪 Shì a, yīnwèi "sǎn" de fāyīn hé "fēnsàn" de "sàn" fāyīn yíyàng.

朴明浩 Nánguài Zhōngguó rén shuō "lí" bù néng fēnzhe chī, yīnwèi "fēn lí" hé "fēnlí" de fāyīn yíyàng.

崔智敏 Mínghào zhīdào de hái tǐng duō a!

朴明浩 Wǒ duì Hànzì hěn gǎn xìngqù, yīnwèi hěn duō Zhōngguó wénhuà dōu gēn Hànzì de fāyīn yǒu guānxi ne.

高朋 Nà nǐ zài jǔ liǎng ge lìzi gěi wǒmen tīngting.

朴明浩 Zài bǐrú Chūnjié shí Zhōngguórén dào tiē "fú" zì, biǎoshì "fú dào le!" Mínjiān niánhuà zhōng chūxiàn de "liánhuā" hé "yú" biǎoshì "liánnián yǒuyú".

韩雪 Wà! Nǐ zhège xuéqī de Hànzì kè xuéle bù shǎo dōngxi a!

▶ 연습해 봐요!

1 이 학교는 적어도 역사가 수백 년은 되었어.

너는 이 잔이 얼마나 오랜 역사를 갖고 있는지 알아?

그들 이 가문은 이미 150년의 역사를 가지고 있다.

이 대기업은 역사가 이미 곧 100년이 다 되었어.

这个国家有着很悠久的历史。

这棵树已经有几百年的历史了。

这个小镇有着一千四百多年的历史。

这件古董有着上千年的历史。

2 내 지갑을 도둑맞았어.

나는 선생님에게 불려 나왔어.

그 사람 휴대전화는 남동생이 망가뜨렸어.

나는 정말 그 책을 빌리고 싶었지만 다른 사람이 빌려가 버렸어.

我的衣服被妹妹弄脏了。

我的书被他弄丢了。

他今天又被老师批评了一顿。

我做的菜都被他吃完了。

3 그 사람은 웃으면서 나에게 인사를 했어.

우리 서서 마시자, 지금 자리가 없어.

너 누워서 책 보지 마, 눈에 안 좋아.

너 앉아서 말하면 돼, 일어날 필요 없어.

你别开着灯睡觉。

活儿太多了，咱们分着干吧!

他很难过，哭着走了。

他笑着说: "好久不见!"

4 얘기 좀 더 나누자, 아직 일러.

한 그릇 더 먹어, 너 너무 적게 먹었어.

너 조금만 기다려 줘, 곧 끝나.

너 음식 두 개 더 시켜, 난 부족한 것 같아.

再给我一点儿时间吧。

你再买两杯咖啡吧，这些不够。

再点一碗面吧，我还没吃饱。

能再多交几个中国朋友就好了。

▶ 묻고 답해 봐요!

1 A 중국인은 과일을 선물할 때 늘 사과를 선물한다던데, 맞아?

　 B 맞아, '사과'의 '苹'과 '평안하다'의 '平'이 해음 관계이기 때문이야.

2 A '日'과 '月' 외에, 한자 중에 또 어느 글자들이 상형자야?

　 B 예를 들어 말하자면, '人'이라든지, '口'라든지, '手'라든지 이런 것들도 상형자야.

3 A 지금 중국 젊은이들이 말하는 '1314'가 무슨 뜻이야?

　 B '평생'이라는 뜻이야.

4 A 중국인에게 선물을 할 때 절대로 괘종시계를 선물해서는 안 돼.

　 B '送钟(시계를 선물하다)'과 '送终(장례를 치르다)'의 발음이 같기 때문이지?

▶ 외워 봐요!

91 중국인이 사용하는 한자는 이미 몇천 년의 역사를 가지고 있다.

92 한자는 처음 그림에서 기원한 상형문자이다.

93 그것들은 거북이 배 껍질이나 짐승의 뼈에 쓰였다.

94 그건 절대 안 돼, 중국에서 '우산'은 정말 인기 없는 선물이다.

95 어쩐지 중국인이 '배'를 나눠 먹지 않는 것이 '배를 나누는 것'과 '분리'의 발음이 같기 때문이구나.

96 나는 한자에 흥미가 있어.

97 많은 중국 문화가 한자의 발음과 관계가 있어.

98 그럼 너 또 예를 몇 개 들어서 우리에게 들려줘 봐.

99 또 예를 들면, 음력설 때, 중국인들이 '복' 자를 거꾸로 붙이는 것은 '복이 온다!'라는 것을 나타내는 거야.

100 너 이번 학기 한자 수업에서 많은 걸 배웠구나!

06-10 复习 2
복습 2

▶ 핵심 문형

06 A 중국인은 특히 '4'를 좋아하지 않고, '8'을 정말 좋아한다고 들었어.

　 B 맞아, 사람들은 자동차 번호와 휴대전화 번호를 고를 때 '4'는 피해.

　 A 그럼 너 도대체 무슨 번호로 바꾼 거야? '8888'?

　 B 앞의 것은 안 바꿨고, 끝자리 수는 '8899'야.

07 A 이 목걸이 정말 예뻐, 작은 돼지네!

　 B 응, 올해가 돼지해고, 내가 또 돼지띠여서, 엄마가 나한테 붉은 줄로된 "작은 돼지 목걸이를 사주셨어.

　 A 올해가 너의 띠 해구나!

　 C 12지가 12년마다 돌아오니까 그럼 너 올해 24살이지?

08 A 너 어떤 중국 음식 가장 좋아하는지 말해 봐.

　 B 나는 크게는 만한전석부터 작게는 감자채볶음까지 좋아하지 않는 것이 없어.

　 A 맙소사, 너 그야말로 벌써 중국 사람 다 되었네!

　 B 먹는 것만 아니라, 나는 또 집에서 중국 음식을 해보려고 생각해.

09 A 너 차 마시는 것 좋아해?

　 B 좋아해! 나는 소파에 기대어 차를 마시며 책 보는 걸 제일 좋아해.

　 A 정말 생활을 즐길 줄 아는구나! 베이징에 많은 전통찻집이 있다고 난 들었는데 그래?

　 B 그래, 예를 들어 말하자면, '라오서 찻집'이 정말 유명해.

10 A 다음 주가 우리 언니 생일인데, 나 언니에게 줄 선물을 준비하고 싶어.

B 요즘 날씨가 안 좋아서 계속 비 오니까, 언니한테 예쁜 우산 하나 선물해.

A 그건 절대 안 돼. 중국에서 '우산'은 정말 인기 없는 선물이야. '우산'의 발음이 '흩어지다'의 '산'과 발음이 같기 때문이야.

B 어쩐지 중국인이 '배'를 나눠 먹지 않는 것이 '배를 나누는 것'과 '분리'의 발음이 같기 때문이구나.

▶ 说一说

1 A 听说换了你的手机号码？

B 是啊，这回我可换了个好号码！尾数是"8899"。

A 原来"9"也是中国人喜欢的数字啊！

B 当然啦。"9"和"久"谐音，代表天长地久啊！

2 A 你这条项链儿真漂亮，是一只小猪呢！

B 这是妈妈特意送给我的。

A 红绳子的"小猪项链"。是因为你属猪吗？

B 对啊，我属猪，今年正好又是猪年，所以这是我本命年的礼物。

🔑特意 tèyì 图 특별히

3 A 你不是想学做中国菜吗？我教你做西红柿炒鸡蛋，怎么样？

B 那道菜还用学吗？

A 这道菜呀，看起来简单，做起来还得掌握点儿小窍门儿。

B 那改天你亲自做给我尝尝。

4 A 中国的茶馆儿，你去过吗？

B 还从来没去过呢。茶馆里除了喝茶还能做什么呢？

A 有的茶馆儿不但能品茶，还能体验中国文化。

B 那咱俩改天抽时间一起去吧。

5 A 你知道送中国人礼物时，为什么不能送"伞"吗？

B 因为"伞"和"散"的发音一样吧。

A 看来很多中国文化都跟汉字的发音有关系呢。

B 是啊，上次我在朋友家看到他家门口倒贴了个"福"字，原来是表示"福到了"。

▶ 听一听

1 (1) X

---

(2) A "2" 是车牌号

(3) 因为女的喜欢 "6"，中国人常说 "六六大顺"，她希望自己每天都顺顺利利。

녹음대본 　　　　　　　　　　　MP3 ♪ 02-02

男：这次我的车牌号一定要选个好的。

女：你最喜欢的数字是什么啊？

男：我的生日是2月22号，我觉得 "2" 是我的幸运数字，能给我带来好运气。

女：那就选个带 "2" 的。我喜欢 "6"，中国人常说 "六六大顺"。

男：难怪你的手机号里有两个 "6"。

女：是啊，希望自己每天都顺顺利利。

🔑顺利 shùnlì 图 순조롭다

남 : 이번에 내 차 번호 반드시 좋은 걸로 골라야 해.

여 : 네가 가장 좋아하는 숫자는 뭐야?

남 : 내 생일이 2월 22일이어서 나는 '2'가 나의 행운의 숫자라고 생각해.

여 : 그럼 '2'가 있는 것을 골라. 나는 '6'을 좋아하는데, 중국 사람들은 '육육대순(모든 일이 순조롭게 잘 된다)'라고 자주 말해.

남 : 어쩐지 네 휴대전화 번호에 '6'이 두 개 있더라니.

여 : 그래, 내가 매일 순조롭게 되기를 바라는 거야.

2 (1) ○

(2) A 今年是狗年

(3) 因为那些父母 "望子成龙"。

녹음대본 　　　　　　　　　　　MP3 ♪ 02-02

男：我属狗，你呢？

女：我属猪，比你小一岁。

男：那今年是你的本命年啊。

女：可不是。今年是猪年，听说好多人都想生个 "猪宝宝" 呢。

男：很多父母都希望自己的孩子有福气吧。

女：就像很多 "望子成龙" 的父母都想生个 "龙宝宝" 一样。

남 : 나 개띠야, 너는?

여 : 난 돼지띠야, 너보다 한 살 적어.

남 : 그럼 올해가 네 띠의 해구나.

여 : 그렇지. 올해가 돼지 해니까, 많은 사람들은 '돼지띠 아기'를 낳고 싶어 한다고 들었어.

남 : 많은 부모들이 자신의 아이가 복이 있기를 바라지.

여 : '아들이 용이 되기를 바라는' 많은 부모들이 '용띠 아기'를 낳고 싶어 하는 것과 같아.

해석과 정답

3 (1) ○

(2) **D** 饺子

(3) 因为中国的北方人很喜欢吃面食，所以北方人的饺子做得很好。

녹음대본　　　　　　　　MP3 f 02-02

男：中国饮食中，你最爱吃的是什么？

女：其实啊，我从小就喜欢吃面食，所以特别喜欢吃中国的饺子。

男：听说中国的北方人也很喜欢吃面食，所以北方人的饺子做得很好。

女：是啊，但是南方人不怎么爱吃馒头、面条之类的面食，他们更喜欢吃米饭。

男：看来北方人和南方人的饮食习惯不太一样。

女：中国太大了，每个地方的口味都不一样。

남 : 중국 음식 중에 네가 가장 좋아하는 것은 뭐야?

여 : 사실, 나는 어릴 때부터 밀가루 음식을 좋아해서 중국 (교자)만두를 엄청 좋아해.

남 : 중국 북방 사람들도 밀가루 음식을 좋아했고, 북방 사람들이 (교자)만두를 잘 만든다고 들었어.

여 : 맞아, 하지만 남방 사람들은 만두, 국수 종류의 밀가루 음식을 별로 좋아하지 않고 쌀밥을 더 좋아해.

남 : 북방 사람과 남방 사람의 식습관이 다른 것 같네.

여 : 중국은 정말 크고, 각 지방마다 입맛이 달라.

4 (1) X

(2) **C** 中国人觉得以茶代礼不好

(3) 因为中国人说"粗茶淡饭"，所以他们觉得"茶"是和"饭"一样重要的食品。

녹음대본　　　　　　　　MP3 f 02-02

男：听说中国人很喜欢喝茶。

女：是啊，中国人觉得喝茶不但可以解渴，还是一种享受。

男：中国茶的种类也很多。红茶、绿茶、花茶等等都是中国人喜欢的茶类。

女：送礼的时候，中国人很喜欢送茶，有以茶代礼的风俗。

男：中国人的生活可能离不开"茶"吧。

女：中国人说"粗茶淡饭"，看来"茶"是和"饭"一样重要的食品。

남 : 중국 사람들은 차 마시는 것을 좋아한다고 들었어.

여 : 그래. 중국 사람들은 차를 마시는 것이 갈증을 해소해 줄 뿐만 아니라 게다가 일종의 즐기는 행동이라고 생각해.

남 : 중국 차 종류도 많아. 홍차, 녹차, 꽃차 등등 모두 중국 사람들이 좋아하는 차 종류야.

여 : 선물할 때, 중국 사람들은 차 선물하는 것을 좋아해. 차로 예의를 대신하는 풍습이 있어.

남 : 중국 사람들의 생활은 아마도 '차'를 떼 놓을 수 없을 것 같아.

여 : 중국 사람들은 '간단한 차 소박한 밥'이라는 말을 하는데 보아하니 '차'는 '밥'처럼 중요한 식품인 것 같아.

5 (1) ○

(2) **D** 形声字

(3) 汉字里最多的就是形声字，记好几个声旁和形旁，就能记住更多的汉字。

녹음대본　　　　　　　　MP3 f 02-02

女：我觉得学汉语时，最难的就是汉字。

男：是啊，每个字的发音、意思都不一样。

女：所以啊，学汉字也得掌握一些小窍门儿。

男：什么窍门儿啊？

女：除了象形字、指事字和会意字，汉字里最多的就是形声字，形旁表示意义，声旁表示读音。

男：所以记好几个声旁和形旁，就能记住更多的汉字，对吧？

记 jì 圖 기억하다, 암기하다

여 : 나는 중국어를 배울 때 가장 어려운 것이 한자라고 생각해.

남 : 맞아, 한자마다 발음, 의미가 다 달라.

여 : 그래서, 한자를 배우는 것도 요령을 파악해야만 해.

남 : 무슨 비결?

여 : 상형자, 지사자, 그리고 회의자 외에 한자 중에 가장 많은 것은 바로 형성자야. 형방은 의미를 나타내고, 성방은 독음을 나타내.

남 : 그래서 성방과 형방 몇 개를 잘 기억해 두면 더 많은 한자를 외울 수 있는 거지. 맞지?

▶ 读一读

1 중국 사람들은 붉은색을 좋아한다. 어떤 사람은 중국 사람의 선조가 불을 숭배하기 때문이라고도 말하고, 또 어떤 사람은 중국 사람의 선조가 태양을 숭배하기 때문이라고도 말한다. 어떻게 말하든 지금의 중국인들은 보통 붉은색이 경사스러운 색깔이라고 생각한다. 건축에서 의식주행까지, 결혼에서 명절 축제까지, 붉은색이 빠질 때가 없다. 중국 사람들이 붉은색을 좋아하는 것은 언어에서도 나타나고 있다. 예를 들어 '왕훙'이 말하는 것은

인터넷에서 인기 많은 사람을 말하고, '红红火火'는 장사가 잘되는 것을 말한다. 그 밖에 중국인은 숫자도 특별하게 좋아하는 것이 있다. 왜냐하면 많은 숫자와 한자의 발음이 같아서 중국 사람들은 그 특수한 숫자에도 특수한 감정이 있다. 예를 들어 중국 사람들은 '9'와 '久'가 발음이 유사하다고 생각해서 끝이 없는 것을 표현할 때 이 '9'라는 숫자를 선택한다.

2 오늘은 나의 24살 생일이다. 올해는 뱀의 해이고, 나는 뱀띠여서 올해는 나의 띠 해이다. 나의 중국 친구는 내 생일을 축하하기 위해, 직접 여러 가지 중국 요리를 만들어 주었다. 나는 또 특별한 선물을 받았는데 그것은 바로 붉은 스카프이다. 친구들은 자기 띠 해에 그것을 두르면 행운이 온다고 말해 주었다. 오후에 우리는 유명한 오래된 찻집에 갔다. 찻집은 예스럽고 베이징 분위기가 물씬 풍겼다. 찻집에서 우리는 정통 중국차를 마셨고, 또 훌륭한 다도 공연을 감상하였다. 중국인에게 있어 찻집은 차를 마시고 여유 있는 시간을 가지고 교류를 할 수 있는 좋은 곳이고, 외국인에게 있어 찻집은 중국 문화를 체험할 수 있는 좋은 곳이다. 올해 나는 중국에서 잊을 수 없는 생일을 보냈다고 말할 수 있다.

▶ '写一写'

1 哪怕贵点儿，花钱买个好寓意啊！

   Nǎ pà guì diǎnr, huā qián mǎi ge hǎo yùyì a!

2 以前觉得数字就是一个符号。

   Yǐqián juéde shùzì jiùshì yí ge fúhào.

3 其实每个人都有自己喜欢的数字。

   Qíshí měi ge rén dōu yǒu zìjǐ xǐhuan de shùzì.

4 人们相信这些特定的数字，能给自己带来好运。

   Rénmen xiāngxìn yìxiē tèdìng de shùzì, néng gěi zìjǐ dàilái hǎoyùn.

5 中国人喜欢用十二种生肖动物来标记年份。

   Zhōngguó rén xǐhuan yòng shí'èr zhǒng shēngxiào dòngwù lái biāojì niánfèn.

6 原来今年是你的本命年啊！

   Yuánlái jīnnián shì nǐ de běnmìngnián a!

7 十二生肖，十二年一个轮回。

   Shí'èr shēngxiào, shí'èr nián yí ge lúnhuí.

8 入乡随俗，要不明年我也去买条项链过本命年吧。

   Rùxiāng-suísú, yàobù míngnián wǒ yě qù mǎi tiáo xiàngliàn guò běnmìngnián ba.

9 大家的口味也都各不一样。

   Dàjiā de kǒuwèi yě dōu gè bù yíyàng.

10 大到"满汉全席"，小到清炒土豆丝儿，我没有不喜欢的。

   Dà dào "mǎnhànquánxí", xiǎo dào qīngchǎo tǔdòusīr, wǒ méiyǒu bù xǐhuan de.

11 那道菜还用学吗？

   Nà dào cài hái yòng xué ma?

12 把西红柿和鸡蛋放一起炒不就行了吗？

   Bǎ xīhóngshì hé jīdàn fàng yìqǐ chǎo bú jiù xíng le ma?

13 中国人饮茶，据说已经有四千七百多年的历史了。

   Zhōngguó rén yǐnchá, jùshuō yǐjīng yǒu sìqiān qībǎi duō nián de lìshǐ le.

14 直到现在，中国还有以茶代礼的风俗。

   Zhídào xiànzài, Zhōngguó háiyǒu yǐ chá dài lǐ de fēngsú.

15 有些人还把品茶当作一种享受。

   Yǒuxiē rén hái bǎ pǐnchá dàngzuò yìzhǒng xiǎngshòu.

16 你真会享受生活啊！

   Nǐ zhēn huì xiǎngshòu shēnghuó a!

17 汉字最早起源于图画，也就是象形文字。

   Hànzì zuì zǎo qǐyuányú túhuà, yě jiùshì xiàngxíng wénzì.

18 它们被写在龟甲或者兽骨上。

   Tāmen bèi xiězài guījiǎ huòzhě shòu gǔ shàng

19 那可不行，在中国啊，"伞"可是一件不受欢迎的礼物。

   Nà kě bù xíng, zài Zhōngguó a, "sǎn" kěshì yí jiàn bú shòu huānyíng de lǐwù.

20 我对汉字很感兴趣。

   Wǒ duì Hànzì hěn gǎn xìngqù.

J

K

MEMO

MEMO

MEMO

MEMO

중국어뱅크 | 한국인의 한국인에 의한 한국인을 위한 중국어 회화 시리즈

중국어의 신

THE GOD OF CHINESE

워크북

STEP **4**

동양북스

THE GOD OF CHINESE

중국어의 신 ————

워크북

STEP 4

동양북스

01 | 春节

说 말하기

1. 다음 문장을 중국어로 말해 보세요.

   (1) 올해 음력설에는 너희 집 저녁 식사 어떻게 먹을 계획이야?

   (2) 우리 집은 올해 식당에 '섣달그믐 밥'을 예약하려고 해.

   (3) 한국에서 음력설 그 며칠 동안 식당 주인들이 모두 고향으로 설 쇠러 가.

   (4) '섣달그믐 밥'은 더 말할 것도 없어.

2. 다음 대화에 어울리는 내용을 중국어로 말해 보세요.

   (1) A : 你们国家有哪些重要的传统节日?

   　　B : _____

   (2) A : 你一般在哪儿过春节?

   　　B : _____

   (3) A : _____

   　　B : 除了吃年夜饭，还会给孩子们发压岁钱。

   (4) A : _____

   　　B : 现在的"年味儿"没以前那么浓了。

3. 다음 그림의 상황에 알맞게 대화를 만들어 보세요.

   (1)
   　　A : _____

   　　B : _____

   　　A : _____

   　　B : _____

(2)　
A : _____

B : _____

A : _____

B : _____

4. 본문의 내용을 생각하며 다음 질문에 답해 보세요.

(1) 中国人的年夜饭是在哪一天吃?

(2) 跟年夜饭相比，韩国人更重视哪顿饭?

(3) 高朋小时候为什么喜欢过年?

(4) 现在过年还能放烟花吗?

5. 다음 제시어를 이용하여 중국어로 이야기를 만들어 말해 보세요.

제시어

春节　　大年三十　　团圆饭　　遗憾

_____

_____

_____

_____

写 쓰기

1. 다음 단어의 중국어와 한어병음을 쓰세요.

(1) 음력설 Ⓒ_____ Ⓟ_____ (2) 전통 Ⓒ_____ Ⓟ_____

(3) 기념일 Ⓒ_____ Ⓟ_____ (4) 음력 정월 초하루 Ⓒ_____ Ⓟ_____

(5) 시간에 대다 Ⓒ_____ Ⓟ_____ (6) 유감이다 Ⓒ_____ Ⓟ_____

(7) 설을 쇠다 Ⓒ_____ Ⓟ_____ (8) 새해 인사를 하다 Ⓒ_____ Ⓟ_____

2. 다음 빈칸에 들어갈 알맞은 단어를 쓰세요.

(1) 对中国人来说，春节是一年中最重要的一个传统节日。它既是旧的一年的
　　　　 jiéshù 　　　　　　　　　　　　　 kāishǐ
_____，又是新的一年的_____。

(2) 春节的前一天，也就是"大年三十"，人们都要回到家里和家人_____，
　　　　　　　　　　　　　　　　　　　　　　　　 tuánjù
高高兴兴地吃一顿团圆饭。

(3) _____是谁，如果没赶上这顿"年夜饭"，都会觉得非常遗憾。
　　 bùguǎn

(4) 孩子们给长辈拜年，长辈不但会对他们说一些吉利的话，还会给他们发
　　 yāsuìqián
_____呢。

3. 다음 제시된 중국어를 재배열하여 문장을 완성하세요.

(1) 了 / 他 / 韩剧 / 最近 / 迷上　　　　▶_____

(2) 的 / 没 / 热 / 夏天 / 去年 / 今年　　▶_____

(3) 了 / 更 / 别说 / "年夜饭" / 吃　　　▶_____

(4) 禁止 / 现在 / 大城市 / 放烟花 / 都 / 了 / 听说 / 不少　▶_____

4. 주어진 문장을 모방하여 제시된 한국어의 의미에 맞게 중국어로 쓰세요.

   (1) 对老年人来说，这是一个很好的休闲方式。
      ▸ 아이한테는 여기가 재미있는 곳이다.

      Ⓒ _____

   (2) 不管他怎么说，我都不会生气。
      ▸ 결과가 어떤지에 상관없이 나는 모두 받아들일 것이다.

      Ⓒ _____

   (3) 他连方便面都不会煮，更别说做菜了。
      ▸ 날씨가 좋을 때도 가지 않는데, 비 오는 날은 더 말할 필요도 없다.

      Ⓒ _____

   (4) 中秋节没有春节那么热闹。
      ▸ 지금의 유학생은 이전만큼 그렇게 많지 않아졌다.

      Ⓒ _____

5. 제시된 단어를 포함하여 그림의 상황에 알맞은 문장을 만들어 보세요.

(1) 제시어 ▸ 团圆

(2) 제시어 ▸ 拜年

(3) 제시어 ▸ 年夜饭

(4) 제시어 ▸ 压岁钱

_____   _____   _____   _____

读 읽기

1. 다음 문장을 소리 내어 읽어 보세요.

(1) 对他来说，那些都无所谓。

(2) 这既是一个很浪漫的故事，又是一个很伤感的故事。

(3) 不管他们说的话对不对，我们都应该好好听一听。

(4) 他们终于赶上了最后一班车。

2. 빈칸에 들어갈 알맞은 단어를 보기에서 고르세요.

보기

Ⓐ 没　Ⓑ 还　Ⓒ 跟　Ⓓ 一般

(1) _____ "年夜饭"比起来，我们更重视大年初一的早饭。

(2) 主妇们_____会在"大年三十"那一天把菜提前做好。

(3) 过年不但可以拿到压岁钱，_____可以放烟花，特别有意思！

(4) 现在"年味儿"也_____以前那么浓了。

3. 제시된 단어의 알맞은 위치를 고르세요.

(1) 对　　Ⓐ 你 Ⓑ 来说，Ⓒ 这个机会 Ⓓ 很重要。

(2) 既　　Ⓐ 这 Ⓑ 是一个很浪漫的故事，Ⓒ 又是一个 Ⓓ 很伤感的故事。

(3) 都　　不管 Ⓐ 做 Ⓑ 什么事情，Ⓒ 应该 Ⓓ 认真。

(4) 更　　Ⓐ 他 Ⓑ 不能喝啤酒，Ⓒ 别说 Ⓓ 白酒了。

4. 아래 질문의 대답으로 알맞은 것을 보기에서 고르세요.

보기

Ⓐ 我收到了很多压岁钱。   Ⓑ 我还没想好送什么呢。
Ⓒ 好像是阳历*1月25号。   Ⓓ 我去给爷爷拜年。
Ⓔ 当然了，火车票都买好了呢。   Ⓕ 这次放六天假。

🔑 阳历 yánglì 명 양력

(1) 今年的春节是阳历几月几号?   (   )

(2) 你们公司春节放几天假啊?   (   )

(3) 春节你打算回老家吗?   (   )

(4) 这次回家过春节打算给父母送什么礼物啊?   (   )

5. 다음 글을 읽고 질문에 답하세요.

　　中国人过春节的时候很讲究*吉利。在这个大吉大利的节日，中国人也有一些忌讳*。比如说大年初一这一天，中国人觉得如果不是特别不舒服，那么最好不要吃药，因为这也许*会预示*着你这一年都会有健康的问题。还有新年第一天，中国人家里的垃圾都不会往外倒*，因为他们觉得这是扔掉*了财气*。如果不小心打碎*了碗，赶紧*说一声"岁岁平安*"，就能化凶为吉*。

🔑 讲究 jiǎngjiu 图 중히 여기다 | 忌讳 jìhuì 图 기피하다 图 금기 | 也许 yěxǔ 图 아마도 |
预示 yùshì 图 예시하다 | 倒 dào 图 쏟다, 붓다 | 扔掉 rēngdiào 图 던져 버리다 | 财气 cáiqi 图 재물운 |
打碎 dǎsuì 图 깨뜨리다 | 赶紧 gǎnjǐn 图 재빨리 | 岁岁平安 suìsuì píng'ān 해마다 평안하시기를 빕니다 |
化凶为吉 huà xiōng wéi jí 전화위복

(1) 判断对错: 中国人过春节的时候觉得"吉利"是很重要的。   (   )

(2) 判断对错: 中国人觉得过年不小心打碎了碗是不吉利的事情。(   )

(3) 问: 大年初一这一天，中国人为什么忌讳吃药?

　　　_____

(4) 问: 新年第一天，中国人为什么忌讳倒垃圾?

　　　_____

听 **듣기**

1. 녹음을 듣고 알맞은 중국어 단어를 쓰세요.　　　　　　🎧 MP3 **w01-01**

(1) _____　　　　(2) _____

(3) _____　　　　(4) _____

2. 녹음을 듣고 빈칸에 알맞은 내용을 쓰세요.　　　　　　🎧 MP3 **w01-02**

　　对中国人来说，春节是一年中最重要的一个传统节日。它 (1)_____是旧的一年的结束，又是新的一年的开始。春节的前一天，也就是"大年三十"，人们都要回到家里和家人 (2)_____，高高兴兴地吃一顿团圆饭。不管是谁，如果没赶上这顿"年夜饭"，都会觉得非常 (3)_____。过年时，人们还会出门去拜年。孩子们给长辈拜年，长辈不但会对他们说一些吉利的话，还会给他们发 (4)_____呢。

3. 녹음의 대화를 듣고 다음 문장이 맞으면 ○, 틀리면 X를 표시하세요.　🎧 MP3 **w01-03**

(1) 男的已经订好飞机票了。　　　　　(　　)

(2) 对女的来说这是一次很好的机会。　　(　　)

(3) 如果天气不好，女的就不去。　　　　(　　)

(4) 女的不会做菜。　　　　　　　　　　(　　)

4. 녹음의 질문을 듣고 대답하세요.

MP3 w01-04

(1) 答: _____

(2) 答: _____

(3) 答: _____

(4) 答: _____

5. 녹음의 대화를 듣고 다음 질문에 알맞은 답을 고르세요.

MP3 w01-05

(1) 1) 问: 对话中的男女是什么关系?

   Ⓐ 爷孙*   Ⓑ 同学

   Ⓒ 朋友   Ⓓ 师生

  2) 问: 女的收到了什么?

   _____

🔑 爷孙 yé sūn 할아버지와 손자(녀)

(2) 1) 问: 男的_____就买好火车票了。

   Ⓐ 两个月以前   Ⓑ 一个月以前

   Ⓒ 一个星期以前   Ⓓ 去年

  2) 问: 男的为什么觉得遗憾?

   _____

03 | 服饰

1. 다음 문장을 중국어로 말해 보세요.

(1) 거의 다 준비했는데, 다만 어떤 옷을 입어야 할지 아직 생각 못 했어.

(2) 회사는 어떤 특별한 요구 사항이 있어?

(3) 이 회사는 IT 업종과 관련 있는 회사여서 아마도 개성을 비교적 중시할 거야.

(4) 그것도 그래. 하지만 나는 정말 치파오 하나 사고 싶어.

2. 다음 대화에 어울리는 내용을 중국어로 말해 보세요.

(1) A : 你觉得这条旗袍好看吗?

　　B : _____

(2) A : 你面试的时候打算穿什么?

　　B : _____

(3) A : _____

　　B : 简单大方点儿的就行。

(4) A : _____

　　B : 挺有个性的。

3. 다음 그림의 상황에 알맞게 대화를 만들어 보세요.

(1)

A : _____

B : _____

A : _____

B : _____

(2)

A : _____

B : _____

A : _____

B : _____

4. 본문의 내용을 생각하며 다음 질문에 답해 보세요.

(1) 小雪要去面试，她准备好了吗?

(2) 智敏建议*小雪穿什么衣服去?

                                             建议 jiànyì 동 제안하다, 건의하다

(3) 智敏想买件什么样的旗袍?

(4) 她们打算先去买谁的衣服?

5. 다음 제시어를 이용하여 중국어로 이야기를 만들어 말해 보세요.

제시어

旗袍　　收腰　　改良　　大方

_____

_____

_____

_____

_____

写 쓰기

1. 다음 단어의 중국어와 한어병음을 쓰세요.

(1) 더욱더 ⒞_____ ⒫_____　　(2) 요구하다 ⒞_____ ⒫_____

(3) 중시하다 ⒞_____ ⒫_____　　(4) 알록달록하다 ⒞_____ ⒫_____

(5) 원피스 ⒞_____ ⒫_____　　(6) 개량하다 ⒞_____ ⒫_____

(7) 간단하다 ⒞_____ ⒫_____　　(8) 고상하다 ⒞_____ ⒫_____

2. 다음 빈칸에 들어갈 알맞은 단어를 쓰세요.

(1) 很久以前,，中国的男人一般都穿 "长袍" 或 "马褂儿"，　_{Mínguó}_____时期，开始

　　出现了 "中山装"，再后来中国开放了，男人们开始穿起了 "西装"。

(2) 说起中国女人的传统_{fúshì}_____，那就不能不提到 "旗袍" 了。

(3) 最初的旗袍中间是不收腰的。后来一些汉族女性对这种服饰进行了收腰的

　　_{gǎizào}_____，旗袍也变得更加漂亮了。

(4) 最近很多外国人对中国文化感兴趣，有的人来中国旅行时还会买上一件旗袍回去做

　　_{jìniàn}_____呢。

3. 다음 제시된 중국어를 재배열하여 문장을 완성하세요.

(1) 忍不住 / 父母 / 说起 / 了 / 哭 / 她 　　▶_____

(2) 我 / 那 / 带 / 去 / 你 / 看看 / 吧 / 的 / 旗袍 / 改良 　　▶_____

(3) 个性 / 这家 / 比较 / 注重 / 会 / 可能 / 公司 　　▶_____

(4) 我 / 件 / 还 / 挺 / 旗袍 / 的 / 呢 / 真 / 想买 　　▶_____

4. 주어진 문장을 모방하여 제시된 한국어의 의미에 맞게 중국어로 쓰세요.

(1) 说起北京，大家都会想到故宫。
   ▶ 서울을 말하면, 우리는 모두 경복궁을 생각하게 돼.

   © _____

(2) 昨天我们见面的时候，他还提到了这件事。
   ▶ 식사할 때, 그 사람은 너를 언급했어.

   © _____

(3) 天气还不错，就是有点儿冷。
   ▶ 맛은 그런대로 괜찮은데 단지 가격이 좀 비싸.

   © _____

(4) 这次考试肯定不会容易。
   ▶ 내일은 틀림없이 비 안 올 거야.

   © _____

5. 제시된 단어를 포함하여 그림의 상황에 알맞은 문장을 만들어 보세요.

(1)

제시어 ▶ 旗袍

_____

(2)

제시어 ▶ 西装

_____

(3)

제시어 ▶ 花

_____

(4)

제시어 ▶ 大方

_____

03 | 服饰

读 읽기

1. 다음 문장을 소리 내어 읽어 보세요.

   (1) 说起北京，大家都会想到故宫。

   (2) 提到这件事，他就会很不开心。

   (3) 别的都买好了，就是要买什么饮料还没想好。

   (4) 这么有意思的活动，他们肯定会感兴趣的。

2. 빈칸에 들어갈 알맞은 단어를 보기에서 고르세요.

   > 보기
   >
   > Ⓐ 就是　　Ⓑ 怎么　　Ⓒ 肯定　　Ⓓ 管

   (1) 这是你自己的事情，不要_____别人怎么说。

   (2) 他们_____会感兴趣的。

   (3) 那_____行啊？这儿太冷了。

   (4) 学汉语挺有意思的，_____有点儿难。

3. 제시된 단어의 알맞은 위치를 고르세요.

   (1) 说起　　Ⓐ 每次 Ⓑ 这件事，Ⓒ 妈妈 Ⓓ 就会很生气。

   (2) 还是　　Ⓐ 我 Ⓑ 不着急，Ⓒ 先去买 Ⓓ 你的衣服吧。

   (3) 的　　　我 Ⓐ 不喜欢 Ⓑ 太收腰的，简单大方点儿 Ⓒ 就行 Ⓓ 。

   (4) 跟　　　这 Ⓐ 是一家 Ⓑ IT行业 Ⓒ 有关的公司，可能 Ⓓ 会比较注重个性。

4. 아래 질문의 대답으로 알맞은 것을 보기에서 고르세요.

보기

Ⓐ 我觉得可以啊，挺有个性的。 　　　　　Ⓑ 是啊，他说这件事跟他无关。

Ⓒ 简单大方一点儿的就行。 　　　　　　Ⓓ 我买了一套西装。

Ⓔ 那怎么行啊？上次也是你请的。 　　　Ⓕ 我买的是一条收腰的连衣裙。

(1) 昨天吃饭时，他提到这件事了吗？（　　） 　(2) 咱们去外面吃吧，今天让我请客行吗？（　　）

(3) 你想买一条什么样的连衣裙啊？ 　（　　） 　(4) 你觉得这件衣服适合上班的时候穿吗？（　　）

5. 다음 글을 읽고 질문에 답하세요.

　　中式传统服饰上的图案＊纹样＊特别丰富，有花有鸟＊，有山有水，有的抽象＊，有的具象＊，风格＊也是多种多样。中式服装还喜欢运用＊图案来表示吉祥＊的祝愿＊。从古至今，中国人都觉得龙是一种很吉祥的动物，所以画着龙的服饰，不但包含着一种图腾＊崇拜，也表达＊了中国人是"龙的传人＊"的情感＊。皇帝的龙袍＊还象征＊着真龙天子＊。而西洋＊服饰在面料＊、色彩＊、图案的运用方面同中国的服饰有很大的不同。

🔑 图案 tú'àn 몡 도안 | 纹样 wényàng 몡 무늬 | 鸟 niǎo 몡 새 | 抽象 chōuxiàng 톙 추상적이다 몡 추상 | 具象 jùxiàng 톙 구체적이다 몡 구상 | 风格 fēnggé 몡 스타일, 풍격 | 运用 yùnyòng 됭 운용하다, 활용하다 | 吉祥 jíxiáng 톙 상서롭다, 길하다 | 祝愿 zhùyuàn 됭 축원하다, 기원하다 | 图腾 túténg 몡 토템(totem) | 崇拜 chóngbài 몡 숭배 됭 숭배하다 | 表达 biǎodá 됭 표현하다 | 传人 chuánrén 몡 계승자 | 情感 qínggǎn 몡 감정 | 龙袍 lóngpáo 몡 용포 | 象征 xiàngzhēng 됭 상징하다 | 真龙天子 zhēnlóngtiānzǐ 몡 황제를 가리키는 표현 | 西洋 xīyáng 몡 서양 | 面料 miànliào 몡 옷감 | 色彩 sècǎi 몡 색채

(1) 判断对错：中式传统服饰上的图案纹样主要是龙。 　　　　　　　　　（　　）

(2) 判断对错：中式服装上的很多图案，都是为了表示美好的祝愿。（　　）

(3) 问：中式服装为什么喜欢运用龙的图案？

　　　　　———————————————————————————

(4) 问：西洋服饰在哪些方面同中国的服饰有很大的不同？

　　　　　———————————————————————————

03 | 服饰

1. 녹음을 듣고 알맞은 중국어 단어를 쓰세요. 🎧 MP3 w03-01

(1) _____ (2) _____

(3) _____ (4) _____

2. 녹음을 듣고 빈칸에 알맞은 내용을 쓰세요. 🎧 MP3 w03-02

很久以前，中国的男人一般都穿"长袍"或"马褂儿"，民国时期，开始出现了"中山装"，再后来中国 (1)_____ 了，男人们开始穿起了"西装"。说起中国女人的传统 (2)_____ ，那就不能不提到"旗袍"了。最初的旗袍中间是不收腰的。后来一些 (3)_____ 女性对这种服饰进行了收腰的改造，旗袍也变得 (4)_____ 漂亮了。最近很多外国人对中国文化感兴趣，有的人来中国旅行时还会买上一件旗袍回去做纪念呢。

3. 녹음의 대화를 듣고 다음 문장이 맞으면 ○, 틀리면 X를 표시하세요. 🎧 MP3 w03-03

(1) 女的不想买旗袍。　　　(　　)

(2) 男的想买一件西装穿穿。　　　(　　)

(3) 男的觉得她买的衣服不需要退。　　　(　　)

(4) 男的同意女的的意见。　　　(　　)

● 16 복식

4. 녹음의 질문을 듣고 대답하세요.

(1) 答: _____

(2) 答: _____

(3) 答: _____

(4) 答: _____

5. 녹음의 대화를 듣고 다음 질문에 알맞은 답을 고르세요.

(1) 1) 问: 男的想穿什么衣服去面试?

　　Ⓐ 中山装　　　　　　　　Ⓑ 马褂

　　Ⓒ 西装　　　　　　　　　Ⓓ 长袍

2) 问: 女的为什么觉得他应该买套新的西装?

_____

(2) 1) 问: 男的在哪儿买的旗袍?

　　Ⓐ 韩国　　　　　　　　　Ⓑ 北京

　　Ⓒ 不知道　　　　　　　　Ⓓ 上海

2) 问: 男的买了一件什么样的旗袍?

_____

05 | 古玩

1. 다음 문장을 중국어로 말해 보세요.

(1) 지난번 우리 함께 갔던 고궁 입장권 너 아직 가지고 있어?

(2) 언제 일이라고, 벌써 쓰레기라고 생각해서 버렸지!

(3) 입장권뿐만 아니라 각 나라의 우표, 영화표도 모두 관심이 있어.

(4) 어쩐지 지난번 내가 걔 집에서 낡아 빠진 도자기를 많이 봤어!

2. 다음 대화에 어울리는 내용을 중국어로 말해 보세요.

(1) A：你要这些门票做什么？

　 B：_____

(2) A：你去过古董市场吗？

　 B：_____

(3) A：_____

　 B：这是仿品，可以拿回去做纪念。

(4) A：_____

　 B：我的爱好是收藏。

3. 다음 그림의 상황에 알맞게 대화를 만들어 보세요.

(1) 　A：_____

　　　　　　　　　　　B：_____

　　　　　　　　　　　A：_____

　　　　　　　　　　　B：_____

(2)

A: _____

B: _____

A: _____

B: _____

4. 본문의 내용을 생각하며 다음 질문에 답해 보세요.

(1) 小敏喜欢收藏什么?

(2) 高朋喜欢收藏什么?

(3) 高朋家里的瓷器都是从哪里买来的?

(4) 高朋觉得他买回来的瓷器破吗?

5. 다음 제시어를 이용하여 중국어로 이야기를 만들어 말해 보세요.

제시어

古董　　瓷器　　真品　　仿品

_____

_____

_____

_____

写 쓰기

1. 다음 단어의 중국어와 한어병음을 쓰세요.

(1) 쓰레기   C_____   P_____   (2) 버리다   C_____   P_____

(3) 수집하다   C_____   P_____   (4) 우표   C_____   P_____

(5) 낡아 빠지다 C_____   P_____   (6) 이야기   C_____   P_____

(7) 지식   C_____   P_____   (8) (돈을) 벌다 C_____   P_____

2. 다음 빈칸에 들어갈 알맞은 단어를 쓰세요.

(1) 有的人把收藏当成一种兴趣爱好，有的人把收藏当成一种______{tóuzī}_____；有的人收藏瓷器，有的人收藏字画。

(2) 但收藏也不是件容易的事儿，收藏的人得有眼力，还得有______{nàixīn}_____。

(3) 只要有时间，就去古董市场逛逛，看看有没有自己喜欢的东西，看中了的话，还可以跟老板______{kànkan jià}_____。

(4) 外国游客即使买不到真品，也可以买个现代______{fǎngpǐn}_____回去做个纪念。

3. 다음 제시된 중국어를 재배열하여 문장을 완성하세요.

(1) 把 / 不 / 病 / 病 / 当成 / 一种 / 有些人 / 这种   ▶ _____

(2) 早就 / 这件 / 知道 / 我 / 了 / 事   ▶ _____

(3) 一件 / 的 / 有 / 自己 / 故事 / 每 / 古董 / 都   ▶ _____

(4) 古董 / 你 / 是 / 从 / 买来 / 哪儿 / 都 / 的 / 啊 / 那些   ▶ _____

4. 주어진 문장을 모방하여 제시된 한국어의 의미에 맞게 중국어로 쓰세요.

(1) 即使没考好，也不要难过。
   ▶ 설령 많은 비가 내리더라고, 가야 해.

   Ⓒ _____

(2) 他早就回国了。
   ▶ 그 사람은 일찌감치 이 일을 잊었어.

   Ⓒ _____

(3) 不光是我，他们也都不喜欢吃香菜。
   ▶ 그 사람만이 아니라, 그들 반 친구들도 모두 가고 싶어 하지 않아.

   Ⓒ _____

(4) 别看这手机便宜，功能还挺多。
   ▶ 이 호텔 크지 않다고 얕보지 마, 음식은 정말 맛있어.

   Ⓒ _____

5. 제시된 단어를 포함하여 그림의 상황에 알맞은 문장을 만들어 보세요.

(1)

제시어 ▶ 收藏

_____

(2)

제시어 ▶ 古董市场

_____

(3)

제시어 ▶ 真品

_____

(4)

제시어 ▶ 眼力

_____

读 읽기

1. 다음 문장을 소리 내어 읽어 보세요.

(1) 都什么时候的事儿了，早就当垃圾扔了啊！

(2) 你要门票干吗?

(3) 有些人不把这种病当成一种病。

(4) 她有个挺特别的爱好，你不知道吧?

2. 빈칸에 들어갈 알맞은 단어를 보기에서 고르세요.

보기

Ⓐ 真　　Ⓑ 也　　Ⓒ 都　　Ⓓ 把

(1) 来这儿以后，他＿＿＿＿＿＿自己当成主人了。

(2) 即使不好吃，你＿＿＿＿＿＿得吃完。

(3) 不光是周末，平时他也＿＿＿＿＿＿去图书馆学习。

(4) 今天忘了带伞，＿＿＿＿＿＿巧，出门的时候雨停了。

3. 제시된 단어의 알맞은 위치를 고르세요.

(1) 别　　Ⓐ 看 Ⓑ 他个子 Ⓒ 不高，但篮球 Ⓓ 打得不错。

(2) 再　　Ⓐ 即使你不 Ⓑ 年轻，Ⓒ 也 Ⓓ 没有关系。

(3) 挺　　她 Ⓐ 啊，Ⓑ 有个 Ⓒ 特别的爱好，你们都 Ⓓ 不知道吧?

(4) 也　　Ⓐ 买对了的话，Ⓑ 是不是 Ⓒ 能小赚 Ⓓ 一笔啊?

4. 아래 질문의 대답으로 알맞은 것을 보기에서 고르세요.

보기

Ⓐ 挺有收藏价值的。　　　　Ⓑ 我不想去古董市场。

Ⓒ 我有很多兴趣爱好。　　　　Ⓓ 你可以砍半价试试。

Ⓔ 因为我喜欢收藏啊。　　　　Ⓕ 是啊，运气好啊。

(1) 看中了的话，可以跟老板砍价吗？　　　　　(　　)

(2) 听说你这回小赚了一笔啊？　　　　　　　　(　　)

(3) 你家里怎么有这么多破破烂烂的瓷器啊？ (　　)

(4) 这些字画你觉得怎么样？　　　　　　　　　(　　)

5. 다음 글을 읽고 질문에 답하세요.

　　现在很多人爱好收藏，收藏的内容也五花八门*，除了瓷器，字画、邮票等
等也很受收藏爱好者的欢迎。但如果你想成为一个真正的收藏家，其中很重要
的一点就是要"坚持"。如果做不到这一点，就有可能半途而废*，难有收获。
首先*要坚持学习收藏知识，不断提高自己的眼力。还要坚持多逛古董市场，多
与藏友*交流。这样日积月累*，才能体会*到收藏的乐趣*。

🔑 五花八门 wǔhuā-bāmén 혭 여러 가지 모양, 다양하다 | 半途而废 bàntú-érfèi 혭 중간에 그만두다 |
首先 shǒuxiān 혭 우선 | 藏友 cángyǒu 혭 수집 애호가 | 日积月累 rìjī-yuèlěi 혭 날을 거듭하다, 세월이 쌓이다 |
体会 tǐhuì 통 체득하다 | 乐趣 lèqù 혭 즐거움

(1) 判断对错：大部分的人只爱好收藏瓷器。　　(　　)

(2) 判断对错：收藏爱好者一定要有好的眼力。 (　　)

(3) 问：想成为一个真正的收藏家，其中很重要的一点是什么？

　　　_____

(4) 问：怎样才能体会到收藏的乐趣？

　　　_____

听 듣기

1. 녹음을 듣고 알맞은 중국어 단어를 쓰세요. 　🎧 MP3 w05-01

(1) _____

(2) _____

(3) _____

(4) _____

2. 녹음을 듣고 빈칸에 알맞은 내용을 쓰세요. 　🎧 MP3 w05-02

　　最近喜欢收藏的人越来越多了。有的人把收藏当成一种 (1)_____，有的人把收藏当成一种投资；有的人收藏 (2)_____，有的人收藏字画。但收藏也不是件容易的事儿，收藏的人得有 (3)_____，还得有耐心。只要有时间，就去古董市场逛逛，看看有没有自己喜欢的东西，看中了的话，还可以跟 (4)_____砍砍价。外国游客即使买不到真品，也可以买个现代仿品回去做个纪念。

3. 녹음의 대화를 듣고 다음 문장이 맞으면 ○, 틀리면 X를 표시하세요. 　🎧 MP3 w05-03

(1) 女的买的这件瓷器不是真品。　　（　　）

(2) 女的觉得男的很有眼力。　　（　　）

(3) 男的觉得这件瓷器不值得买。　　（　　）

(4) 男的觉得常去古董市场很有帮助。　　（　　）

4. 녹음의 질문을 듣고 대답하세요.

(1) 答: _____

(2) 答: _____

(3) 答: _____

(4) 答: _____

5. 녹음의 대화를 듣고 다음 질문에 알맞은 답을 고르세요.

(1) 1) 问: 女的喜欢收藏什么?

　　Ⓐ 电影票　　　　　　　　Ⓑ 瓷器

　　Ⓒ 门票　　　　　　　　　Ⓓ 字画

　　2) 问: 女的收藏了哪些门票?

　　　_____

(2) 1) 问: 男的买了一件什么样的瓷器?

　　Ⓐ 很破的　　　　　　　　Ⓑ 有故事的

　　Ⓒ 很贵的　　　　　　　　Ⓓ 很新的

　　2) 问: 男的在哪儿学到了不少收藏知识?

　　　_____

07 | 十二生肖

说 말하기

1. 다음 문장을 중국어로 말해 보세요.

(1) 이 목걸이 정말 예뻐, 작은 돼지네!

(2) 엄마가 나에게 이 붉은 줄의 '작은 돼지 목걸이'를 선물해 주셨어.

(3) 올해가 네 띠의 해구나!

(4) 돼지가 12지 중 가장 마지막 순서야, 많은 사람들이 '돼지띠'가 복이 있는 띠라고 생각해.

2. 다음 대화에 어울리는 내용을 중국어로 말해 보세요.

(1) A : 你属什么?

　　B : ＿＿＿＿＿＿＿＿＿＿＿＿＿＿＿＿＿＿

(2) A : 今年是你的本命年吗?

　　B : ＿＿＿＿＿＿＿＿＿＿＿＿＿＿＿＿＿＿

(3) A : ＿＿＿＿＿＿＿＿＿＿＿＿＿＿＿＿＿＿

　　B : 他比我大三岁。

(4) A : ＿＿＿＿＿＿＿＿＿＿＿＿＿＿＿＿＿＿

　　B : 对，我们国家也用十二种生肖动物来标记年份。

3. 다음 그림의 상황에 알맞게 대화를 만들어 보세요.

(1)

A : ＿＿＿＿＿＿＿＿＿＿＿＿＿＿＿＿

B : ＿＿＿＿＿＿＿＿＿＿＿＿＿＿＿＿

A : ＿＿＿＿＿＿＿＿＿＿＿＿＿＿＿＿

B : ＿＿＿＿＿＿＿＿＿＿＿＿＿＿＿＿

(2) 　　A: _____

　　　　　　　　　　 B: _____

　　　　　　　　　　 A: _____

　　　　　　　　　　 B: _____

4. 본문의 내용을 생각하며 다음 질문에 답해 보세요.

(1) 过 "本命年" 的人有时会收到什么礼物？

(2) 韩雪 "本命年" 收到了一件什么样的礼物？

(3) 明浩今年多少岁？属什么？

(4) 很多人觉得哪个属相有福气？

5. 다음 제시어를 이용하여 중국어로 이야기를 만들어 말해 보세요.

제시어

属　　本命年　　手链　　性格*

⚲性格 xìnggé 몡 성격

_____

_____

_____

_____

_____

写 쓰기

1. 다음 단어의 중국어와 한어병음을 쓰세요.

(1) 끈, 줄   C_____   P_____

(2) 윤회(하다)   C_____   P_____

(3) 줄 서다   C_____   P_____

(4) 아기   C_____   P_____

(5) 복   C_____   P_____

(6) 유일한   C_____   P_____

(7) 전설   C_____   P_____

(8) 그 고장에서 가면 그 고장의 풍습을 따라야 한다.   C_____   P_____

2. 다음 빈칸에 들어갈 알맞은 단어를 쓰세요.

(1) 中国人喜欢用十二种 _____（shēngxiào）动物来标记年份。

(2) 我们出生年份的生肖动物就是我们的 _____（shǔxiang）。

(3) 所以如果你想知道对方的年纪，也可以 _____（wěiwǎn）地问"你是属什么的？"。

(4) 很多人"本命年"时，还会收到一些像"红内裤"、"_____（hóng shéngzi）"之类比较特别的礼物。

3. 다음 제시된 중국어를 재배열하여 문장을 완성하세요.

(1) 来 / 计算 / 这件 / 用 / 钱 / 事情 / 不能   ▶ _____

(2) 客人 / 这些 / 的 / 是 / 招待 / 用来 / 水果   ▶ _____

(3) 比 / 他 / 我 / 十岁 / 大 / 整整   ▶ _____

(4) 有 / 的 / 是 / 福气 / 属相 / 个 / 这   ▶ _____

4. 주어진 문장을 모방하여 제시된 한국어의 의미에 맞게 중국어로 쓰세요.

(1) 你可以用汉语给大家说明一下。
　　▸ 너는 이런 방법으로 그녀에게 고백해도 돼.

　　ⓒ _____

(2) 我哥哥是学经济的，正在找工作呢。
　　▸ 그 사람은 역사를 배우는 사람이어서 이곳들은 모두 가 보았어.

　　ⓒ _____

(3) 这家咖啡厅的咖啡比那家好喝一些。
　　▸ 이 옷은 저 옷보다 두 배 비싸.

　　ⓒ _____

(4) 这本书这么有意思，要不我也去买一本。
　　▸ 그곳은 정말 재미있으니까, 다음번에 너도 함께 가지 뭐.

　　ⓒ _____

5. 제시된 단어를 포함하여 그림의 상황에 알맞은 문장을 만들어 보세요.

(1)

제시어 ▸ 本命年

_____

(2)

제시어 ▸ 一轮

_____

(3)

제시어 ▸ 生肖

_____

(4)

제시어 ▸ 属相

_____

读 읽기

1. 다음 문장을 소리 내어 읽어 보세요.

(1) 一个人一本，不能多拿。

(2) 我打算用这个方法来教他。

(3) 你应该多看点儿历史、文化之类的书。

(4) 十二生肖，十二年一个轮回，那你今年是二十四岁吧?

2. 빈칸에 들어갈 알맞은 단어를 보기에서 고르세요.

보기

Ⓐ 要不　　Ⓑ 文字　　Ⓒ 工资　　Ⓓ 出差

(1) 我爸爸是做贸易的，所以经常_____。

(2) 去年底退的休，_____比过去少了一半。

(3) 这些东西不能用_____来表达。

(4) 那个地方挺好玩儿的，_____下次你也一起去。

3. 제시된 단어의 알맞은 위치를 고르세요.

(1) 晚　　Ⓐ 今天的晚饭 Ⓑ 比平常 Ⓒ 了 Ⓓ 三十分钟。

(2) 排　　猪 Ⓐ 在 Ⓑ 十二生肖中 Ⓒ 最后 Ⓓ 一位。

(3) 来　　Ⓐ 这个杯子 Ⓑ 是用 Ⓒ 喝咖啡 Ⓓ 的。

(4) 用　　他 Ⓐ 想 Ⓑ 英语来 Ⓒ 给大家 Ⓓ 介绍一下。

4. 아래 질문의 대답으로 알맞은 것을 보기에서 고르세요.

보기

Ⓐ 一个人一本，不能多拿。　　　　　　　Ⓑ 没问题。

Ⓒ 大概是因为那些父母都"望子成龙"吧。　　Ⓓ 我们家有三个属狗的。

Ⓔ 旅行时，像钱啊、银行卡啊、护照之类的，都要带好。

Ⓕ 我爸爸是做贸易的，所以经常出差。

⑴ 为什么那么多父母都想生个"龙宝宝"啊？（　　）　⑵ 每个人能拿几本书？　　（　　）

⑶ 你能不能用英语来给大家介绍一下？　　（　　）　⑷ 你爸爸是做什么工作的？（　　）

5. 다음 글을 읽고 질문에 답하세요.

　　十二生肖包括*鼠、牛、虎、兔、龙、蛇、马、羊、猴、鸡、狗、猪。这个顺序*是固定*的，不能调换*。关于这个顺序是怎么定下来的，有很多种说法。其中一种认为，十二生肖最开始是用来记*时的，古代天文学家*把一天分为十二时辰，他们按照十二种动物的生活习惯和活动的时辰*，确定*了十二生肖。比如夜间*十一点到第二天凌晨*一点，是老鼠频繁*活动的时间；凌晨一点到三点，是牛吃草*的时间；凌晨三点到五点是老虎最凶猛*的时间；凌晨五点到七点是兔子出窝*吃草的时间等等。后来人们把这种纪*时法用来纪年，于是*就出现了生肖。

🔑 包括 bāokuò 图 포함하다 ｜ 顺序 shùnxù 图 순서 ｜ 固定 gùdìng 图 고정된 图 고정하다 ｜ 调换 tiáohuàn 图 조절하고 바꾸다 ｜ 记 jì 图 기록하다 ｜ 天文学家 tiānwén xuéjiā 图 천문학자 ｜ 时辰 shíchen 图 시간의 단위[지금의 두 시간] ｜ 确定 quèdìng 图 확정하다 ｜ 夜间 yèjiān 图 밤, 야간 ｜ 凌晨 língchén 图 새벽 ｜ 频繁 pínfán 图 잦다, 빈번하다 ｜ 草 cǎo 图 풀 ｜ 凶猛 xiōngměng 图 용맹하다, 사납다 ｜ 窝 wō 图 둥지 ｜ 纪 jì 图 기록하다 ｜ 于是 yúshì 图 그래서

⑴ 判断对错：十二生肖的顺序不是固定的。　　　　　　（　　）

⑵ 判断对错：十二生肖的顺序是古代生物学家定下来的。（　　）

⑶ 问：关于十二生肖的顺序，其中有一种说法是什么？＿＿＿＿＿＿＿＿＿＿＿＿＿＿＿＿＿

⑷ 举例说明生肖与时间的关系。＿＿＿＿＿＿＿＿＿＿＿＿＿＿＿＿＿＿＿＿＿＿＿＿＿＿＿

听 듣기

1. 녹음을 듣고 알맞은 중국어 단어를 쓰세요.　　🎧 MP3 w07-01

(1) _____

(2) _____

(3) _____

(4) _____

2. 녹음을 듣고 빈칸에 알맞은 내용을 쓰세요.　　🎧 MP3 w07-02

中国人喜欢用十二种生肖动物来标记 (1)_____。这十二种动物是：鼠、牛、虎、兔、龙、蛇、马、羊、猴、鸡、狗、猪。我们出生年份的生肖动物就是我们的 (2)_____。所以如果你想知道对方的年纪，也可以 (3)_____地问"你是属什么的？"如果你属狗，而今年又正好是狗年的话，那么今年就是你的"本命年"。很多人"本命年"时，还会收到一些像"红内裤"、"红绳子"(4)_____比较特别的礼物。

3. 녹음의 대화를 듣고 다음 문장이 맞으면 〇, 틀리면 X를 표시하세요.　　🎧 MP3 w07-03

(1) 女的现在能吃辣的。 　　　　　　　(　)

(2) 女的今年三十五岁。 　　　　　　　(　)

(3) 最有福气的"猪"在十二生肖中排第一位。 (　)

(4) 男的想用水果招待客人。 　　　　　(　)

4. 주어진 문장을 모방하여 제시된 한국어의 의미에 맞게 중국어로 쓰세요.

(1) 直到现在他还很后悔。

  ▸ 지금까지 그 사람은 아직 모른다.

  🇨 _____

(2) 他一直把我当作他最好的兄弟。

  ▸ 나는 줄곧 그 사람을 가장 좋은 친구라고 생각했다.

  🇨 _____

(3) 我们一边看电影，一边吃爆米花。

  ▸ 우리는 걸으면서 얘기하자.

  🇨 _____

(4) 你把这些美元都换成韩币吧。

  ▸ 너는 이것을 일종의 취미로 삼아도 된다.

  🇨 _____

5. 제시된 단어를 포함하여 그림의 상황에 알맞은 문장을 만들어 보세요.

(1)

제시어 ▸ 茶馆

_____

(2)

제시어 ▸ 品茶

_____

(3)

제시어 ▸ 茶余饭后

_____

(4)

제시어 ▸ 绿茶

_____

09 | 饮茶

1. 다음 문장을 소리 내어 읽어 보세요.

   (1) 我最喜欢靠在沙发上，一边喝茶，一边看书。

   (2) 比如说"老舍茶馆"就非常有名。

   (3) 跟喝茶比起来，他俩好像更喜欢喝咖啡吧！

   (4) 那咱俩改天抽时间一起去吧！

2. 빈칸에 들어갈 알맞은 단어를 보기에서 고르세요.

   보기
   Ⓐ 据说　　Ⓑ 形容　　Ⓒ 直到　　Ⓓ 指代

   (1) 中国人饮茶，＿＿＿＿＿＿已经有4700多年的历史了。

   (2) ＿＿＿＿＿＿现在，中国还有以茶代礼的风俗。

   (3) 中国人用"粗茶淡饭"来＿＿＿＿＿＿一个人的生活简朴。

   (4) 中国人用"茶余饭后"来＿＿＿＿＿＿空闲的休息时间。

3. 제시된 단어의 알맞은 위치를 고르세요.

   (1) 特别　　Ⓐ据说Ⓑ老师们对这个问题Ⓒ感Ⓓ兴趣。

   (2) 还　　Ⓐ直到现在，Ⓑ他Ⓒ忘不了Ⓓ那次相遇。

   (3) 欣赏　　Ⓐ越来越多的学生Ⓑ把这本书Ⓒ当作一本有趣的图书来Ⓓ。

   (4) 可见　　Ⓐ电视台Ⓑ来采访了，Ⓒ大家很关注Ⓓ这件事。

4. 아래 질문의 대답으로 알맞은 것을 보기에서 고르세요.

보기
Ⓐ 据说有4700多年的历史了。 　　　Ⓑ 中国茶的种类很多。
Ⓒ 是用来形容一个人生活很简朴的成语吧。 Ⓓ 我喜欢一边喝茶，一边看书。
Ⓔ 给我一杯茶吧。 　　　　　　　　Ⓕ 对不起，现在我很忙。

(1) 你知道中国人饮茶有多长时间的历史了吗? 　(　)

(2) 你知道"粗茶淡饭"是什么意思吗? 　　　　(　)

(3) 你想喝咖啡还是喝茶? 　　　　　　　　　(　)

(4) 你能不能抽点儿时间给我看一下? 　　　　(　)

5. 다음 글을 읽고 질문에 답하세요.

　　这是一家在北京十分有名的茶馆，我觉得特别值得一去。因为老北京的特色在这儿都能看到，不但有四合院，还有大碗茶*；不但可以边喝茶边吃点心*，还可以欣赏到原汁原味*的老北京的戏曲*节目。到这个茶馆用餐或者看戏*，一般都要提前预订，因为这儿生意太好，人太多，如果不预订，去了很可能没位子。以后有时间我还想带父母来这里品茶，看看戏曲节目。

🔑 大碗茶 dàwǎnchá 몡 큰 그릇에 마시는 차 | 点心 diǎnxin 몡 간식 | 原汁原味 yuánzhī-yuánwèi 오리지널 |
戏曲 xìqǔ 몡 희곡 | 戏 xì 몡 극, 공연

(1) 判断对错: 这家茶馆只能喝茶，不能用餐。 　　　　　　　(　)

(2) 判断对错: 这家茶馆虽然不太有名，但"我"觉得值得一去。(　)

(3) 问: 去这家茶馆能体验到哪些老北京的特色文化?

_____

(4) 问: 去这家茶馆消费*的话需要提前预订吗? 　　　　🔑 消费 xiāofèi 통 소비하다

_____

09 | 饮茶

🎧 MP3 **w09-01**

听 듣기

1. 녹음을 듣고 알맞은 중국어 단어를 쓰세요.

(1) _____

(2) _____

(3) _____

(4) _____

2. 녹음을 듣고 빈칸에 알맞은 내용을 쓰세요.

🎧 MP3 **w09-02**

中国饮茶，(1)_____已经有四千七百多年的历史了。(2)_____ 现在，中国还有以茶代礼的风俗。喝茶是很多中国人的生活习惯，有些人还把品茶当作一种享受。红茶、绿茶、花茶等等都是中国人 喜欢的茶类。中国人用"(3)_____"来形容一个人的生活简朴；用 "(4)_____"来指代空闲的休息时间。可见饮茶在中国人的心 目中有多么重要了！

3. 녹음의 대화를 듣고 다음 문장이 맞으면 ○, 틀리면 X를 표시하세요.

🎧 MP3 **w09-03**

(1) 男的吃饭以前已经听说了这件事情。　　　(　　)

(2) 女的和她的好朋友是从小时候起就认识的。　(　　)

(3) 那个问题很快就能解决。　　　　　　　　(　　)

(4) 他们21号有考试。　　　　　　　　　　　(　　)

4. 녹음의 질문을 듣고 대답하세요.

MP3 w09-04

(1) 答: _____

(2) 答: _____

(3) 答: _____

(4) 答: _____

5. 녹음의 대화를 듣고 다음 질문에 알맞은 답을 고르세요.

MP3 w09-05

(1) 这家茶馆已经开了多长时间了？
　　Ⓐ 十多年　　　　　　　　Ⓑ 三十多年
　　Ⓒ 二十多年　　　　　　　Ⓓ 四十多年

(2) 北京大大小小的茶馆有几百家，这一家：
　　Ⓐ 味道最好　　　　　　　Ⓑ 最贵
　　Ⓒ 最有名　　　　　　　　Ⓓ 客人最多

(3) 问：这家茶馆除了能品茶还能品什么？
　　_____

(4) 问：男的打算点什么？
　　_____

MEMO

MEMO

MEMO